Stephanie Pudenz

(M)ein Schleuder-trauma

the story of my life

www.tredition.de

© 2016 Stephanie Pudenz

Verlag: tredition GmbH, Hamburg

ISBN
Paperback: 978-3-7345-5529-9
Hardcover: 978-3-7345-5530-5
e-Book: 978-3-7345-5531-2

Printed in Germany

Das Werk, einschließlich seiner Teile, ist urheberrechtlich geschützt. Jede Verwertung ist ohne Zustimmung des Verlages und des Autors unzulässig. Dies gilt insbesondere für die elektronische oder sonstige Vervielfältigung, Übersetzung, Verbreitung und öffentliche Zugänglichmachung.

Stephanie Pudenz

(M)ein Schleudertrauma

the story of my life

Alle Rechte vorbehalten

Alle zitierten Gutachten liegen im Original vor, wurden jedoch zum Schutz der Persönlichkeitsrechte anonymisiert.

Ebenso verändert wurden Ortsangaben oder Zeitangaben.

Für Zitate aus Fachliteratur, sowie anderen Büchern liegen schriftliche Abdruckgenehmigungen der Verlage oder Autoren vor.

Widmung

für meine Kinder

Say how you feel, leave the job you hate,

find your passion, love with every ounce of your bones,

stand up for the things that matter,

don´t settle,

don´t apologize for who you are,

be brave

James van Praagh

Inhaltsverzeichnis

Meine Geschichte	17
Mein Leben vorher	18
Der Tag, der alles veränderte	28
Mein Leben danach	39
Überprüfung meiner Dienstfähigkeit	69
Verzweifelter Kampf um ein normales Leben	85
Die Höhle des Löwen	91
Zusammenfassung der Gutachten	108
Arbeitsversuche	110
Klage gegen meinen Arbeitgeber	114
Mein eigenes gefährliches Halbwissen	127
Blick in die MdE Tabelle	133
Die Versicherung	142
Die illegale Videoüberwachung	146
Die Güteverhandlung	153
Ein paar Worte zum Abschluss	160
Resüme	169
Danksagung	175
Literaturverzeichnis	177

Vorwort

Ich habe sehr lange überlegt, ob ich dieses Buch schreiben sollte oder nicht. Vor allem, weil ich mir doch immer so viel Mühe gebe, mir nicht anmerken zu lassen, wie es mir geht. Eigentlich beiße ich mir lieber die Zunge ab, als zuzugeben, dass es mir nicht so gut geht.

Ich habe schon vor Jahren damit angefangen, das Buch zu schreiben. Dann habe ich wieder alles verworfen, neu angefangen und wieder Teile verworfen, bis ich irgendwann für mich einen Weg gefunden hatte, alle meine Gedanken in diesem Buch nieder zu schreiben. Irgendwann habe ich das Buch „Allein gegen Goliath" von Frau Caroline Bono-Hörler aus der Schweiz gelesen, was mich sehr betroffen gemacht hat. Teilweise habe ich sogar beim Lesen geweint, weil mir doch vieles so extrem bekannt vorkam. Sie war es, die mir mit ihrem Buch den Weg für mein Buch gezeigt und mir damit Mut gemacht hat.

Die Original-Zitate aus Gutachten, Befunden (inklusive der dortigen Rechtschreibfehler) oder anderen Quellen, sind in diesem Buch kursiv geschrieben.

Meine Geschichte

Ich habe meine Geschichte aus meinen Erinnerungen, einigen Gedächtnisprotokollen, sowie aus Zitaten, Befunden und Gutachten zusammengeschrieben. Es war schwieriger als ich dachte und es hat mich wahnsinnig viel Kraft und Energie gekostet. Insgesamt ging es nur langsam voran, meine Konzentration reichte einfach nicht aus, um lange am Ball zu bleiben und sicherlich habe ich hin und wieder auch „verwirrt" geschrieben. Aber das bin ich, so wie ich jetzt bin. Mein Leben teilt sich auf in ein Vorher und ein Danach. Und alles, was ich mit den Gutachtern erlebt habe, kann jeden Menschen treffen, nicht ausschließlich nur Unfallopfer.

Mein Leben vorher

Ich hatte alles, was manch anderer sich erträumt. Eine großartige Familie, zwei bildhübsche, kluge Töchter, einen Ehemann, ein Haus mit Grundstück, einen Beruf und ein Pferd, einen Hund und eine Katze. Ich arbeitete 42 Stunden pro Woche, stand jeden Morgen um vier Uhr auf und fuhr mit dem Zug zum Dienst, kam nachmittags nach Hause und fuhr mit meinen Mädels dreimal in der Woche zum Leichtathletiktraining. Meine Mädchen trainierten, um an Leichtathletikwettkämpfen teilzunehmen und ich trainierte in der gleichen Zeit, um fit zu bleiben, mit den kleineren Kindern in einer Gruppe.

Zumindest reichte es für mich auch für die regionalen Wettkämpfe und bei einem großen Sportevent schaffte ich die

Walkingstrecke von acht Kilometern in unter 60 Minuten. Damit lag ich im Mittelfeld von allen Teilnehmern, was mich wahnsinnig stolz machte.

Wenn wir nicht beim Sport waren, war ich bei meinem Pferd. Meistens ritt ich aus, manchmal nahm ich auch Reitunterricht. Auch unser Hund musste ja regelmäßig jeden Tag raus. Unsere tägliche Standardrunde war ungefähr fünf Kilometer lang, wofür ich ca. eine halbe Stunde im normalen Spaziergehtempo brauchte.

Wenn an den Wochenenden mal keine Wettkämpfe stattfanden, waren wir oft anderweitig unterwegs; Kletterparks, Schwimmbad, Kino und ganz wichtig Shopping mit den Mädels. Außerdem musste unser Haus mit Grundstück versorgt werden. Meine Tage waren ausgefüllt und mein Leben bestand aus Bewegung.

Ich war Polizeibeamtin von Beruf. Das wollte ich schon von klein auf werden. Ich kann mich erinnern, wenn ich als Kind nachmittags nach der Schule gespielt habe, war ich sehr oft „die Polizei". Nach dem Schulabschluss wurde mein Traum wahr und ich schaffte die Aufnahmeprüfung bei der Polizei auf Anhieb und begann im September 1991 meine Ausbildung. Nach erfolgreichem Abschluss schlossen sich verschiedene Orte an, an denen ich zunächst im Schichtdienst meinen Dienst absolvierte. Aber irgendwie zog ich auch immer wieder diese Dinge und Situationen an, die kein Mensch gerne hat: Ich habe mehrere Personen nach Totschlag festgenommen und war bei sehr vielen Wohnungsöffnungen mit Leichenfunden dabei. Überhaupt schien ich irgendwie die Leichen gepachtet zu haben, sodass ich auf einer Dienststelle den Spitznamen „Leichenlilly" bekam. Ich muss sagen, es war so ziemlich alles an „Toden" dabei, die vorkommen können. Ich fand mich in prügelnden Fußballgruppen wieder, habe mich mit fremden Menschen wortwörtlich herum geschlagen. Nicht weil sie mich persönlich nicht mochten, sondern nur weil ich eine Uniform trug.

Ich habe etliche Todesnachrichten überbracht, Bankräuber und Totschläger auf frischer Tat festgenommen, vermisste Kinder gesucht, die anschließend tot aufgefunden wurden und die verzweifelten Fernsehaufrufe der Eltern live erlebt. Ich war bei einem unbeabsichtigten Schusswaffengebrauch dabei und ein Messer wurde auch schon nach einem Kollegen und mir geworfen; zwar nicht gezielt, aber na ja. Und das ist nur ein kleiner Bruchteil dessen, ohne dass ich dabei Einzelheiten und Details erzähle, was ich alles erleben durfte. In annähernd 20 Dienstjahren bin ich nur ein einziges Mal völlig ausgerastet. Das war in einem Kinderkrankenhaus, in dem ein kleines Kind mit hochgradigem Diabetes eingeliefert wurde und die Eltern die Behandlung aus Glaubensgründen ablehnten. Da bin ich nach über einer Stunde, in der ich zusammen mit dem Kollegen ruhig auf die Eltern einredete, komplett ausgerastet und habe den Vater des Kindes zusammengeschrien. Ich war völlig außer mir und ich konnte das Gefühl nicht ertragen, dass dieses Kind ohne Behandlung sehr bald sterben wird.

Es gab dabei in all den Jahren, wie in jedem Beruf, Kollegen, die man gerne mochte und welche, die ich nicht mochte.

Irgendwann im Laufe der Jahre, kam es bei uns zu einer Dienstzeiterhöhung von einer 38-Stunden-Woche auf eine 42-Stunden-Woche. Danach war es für mich mit zwei Kindern und Haushalt mit diesem Schichtdienstsystem von Spätdienst, am nächsten Tag morgens Frühdienst und anschließend am gleichen Tag Nachtdienst, plus Zusatzdienste, extrem schwierig meine Hobbys aufrecht zu erhalten.

Es begann alles irgendwie schwierig zu werden. Ich habe sehr, sehr lange Zeit versucht, alles aufrecht zu erhalten. Aber plötzlich begannen die Alpträume. Träume, bei denen ich exakt von einem dienstlichen Erlebnis träumte, welches ich erlebt hatte, bei dem ich eigentlich Angst hätte haben müssen. Ich hatte aber keine Angst während des Einsatzes verspürt. Die Angst kam dann jedoch plötzlich nachts mit den Träumen. Es war oft so, dass ich nachts schweißgebadet von so einem Traum aufwachte und entweder das Bettzeug komplett wechseln musste oder massenhaft Handtücher ins Bett reinlegte, um mich wieder hinlegen zu können. Nach einer Weile hatte ich tagsüber dann plötzlich sogenannte Flashbacks. Dabei drängt sich einem die Erinnerung an einen Einsatz tagsüber plötzlich auf und man kann nichts dagegen tun. Ich wurde über die Zeit extremst übellaunig und auch meinen Kindern gegenüber unfair. Ich habe nur noch in einem Ton mit ihnen gesprochen, der wirklich nicht sehr nett und für die Kinder bestimmt schwer auszuhalten war. Dann war mir häufig schlecht und schwindlig und ich war müde. Aber es war eine besondere Art von Müdigkeit, nicht so eine Müdigkeit, die man wegbekommt, wenn man geschlafen hat. Ich war tatsächlich des Lebens müde. In den freien Stunden zuhause lag ich nur noch apathisch da und zog mir die Decke über meinen Kopf. Ich tat nur noch, was sich gar nicht aufschieben ließ. Zum Dienst bin ich immer erschienen und habe mir auch nie etwas anmerken lassen – weder gegenüber Kollegen noch gegenüber den Menschen, mit denen ich zu tun hatte. Man kann sich unangemessenes Verhalten schlecht bis gar nicht leisten. Man muss tough sein und darf nie Schwäche zeigen. Dies gelang mir, bis eines Tages dann tatsächlich ein regelrechter Zusammenbruch kam. Ein Arzt für Allgemeinmedizin stellte zunächst die Diagnose „Burn-out". Ein Burn-out, also ausgebrannt sein, wird in der Fachliteratur unterschiedlich definiert. Manche beschreiben es als Zustand völliger körperlicher, emotionaler und geistiger Erschöpfung aufgrund von langanhaltenden negativen Gefühlen. Andere sprechen von langanhaltendem Stress und zu hohen Zielen und Erwartungen der Betroffenen. Oft wird beschrieben, dass jemand der ausgebrannt ist, zuvor Feuer und Flamme für etwas gewesen sein muss und die Flamme nun erloschen ist.

Wenn ich zurückdenke, haben sich bei mir schon sehr lange vor dem eigentlichen Zusammenbruch die ersten Anzeichen des Burn-outs gezeigt – immer mit dem Gefühl, dass etwas falsch läuft oder nicht richtig ist, oder ich zum falschen Zeitpunkt am falschen Ort gewesen bin, obwohl eigentlich alles in Ordnung war.

Ich wurde krankgeschrieben und während der Behandlung beim Facharzt kam dann noch die Diagnose PTBS, also Posttraumatische Belastungsstörung dazu.

Eine Posttraumatische Belastungsstörung tritt als verzögerte psychische Reaktion auf ein extrem belastendes Ereignis oder eine außergewöhnliche Bedrohung oder aufgrund von Serien verschiedener traumatischer Einzelereignisse auf.

Ein typisches Symptom für eine PTBS sind unter anderem die Flashbacks und die Alpträume.

Ich bekam Medikamente verschrieben und war insgesamt ein dreiviertel Jahr krankgeschrieben und machte eine fünfwöchige Reha. Wer jemals so viele heftige Dinge erlebt hat, wie ich sie erlebt habe, kann sich vorstellen, wie schwierig es für mich war, zurück zur Arbeit zu gehen. Ich hatte Angst zum Dienst zurück zu müssen und konnte mir das fast gar nicht vorstellen. Vermeidung der auslösenden Situation ist übrigens ein weiteres Merkmal der PTBS.

Ich erzähle diesen Teil meines Lebens aus nur einem einzigen Grund:

Mir wurde später, nach dem Unfallgeschehen, unter anderem vorgeworfen, ich hätte keine Lust mehr zu arbeiten, ich wäre ein Simulant, ich würde das Unfallgeschehen ausnutzen, das wäre alles nur psychisch und ich würde einfach schlecht mit dem Unfallgeschehen umgehen.

Rückblickend kann ich eigentlich sagen, dass mein Körper etwas total Normales gemacht hat; er hat die Reißleine gezogen.

In einer Therapie, wie ich sie nach meinem Burn-out / PTBS gemacht habe, wird ja immer das Positive verstärkt und ein kreativer Lösungsvorschlag zu meinem „Fall" war – neben diversen anderen Vorschlägen wie „Berufswechsel", „Umschulung" ect. –

ein Fernstudium aufzunehmen, um vielleicht, sollte es mir nicht gelingen, das Burn-out/ PTBS befriedigend abzuarbeiten, irgendwann den Beruf wechseln zu können. Ich fing sehr schnell mit diesem Fernstudium an; die Unterlagen waren recht einfach online zu bestellen. Ich wollte nicht untätig sein, ich wollte wieder ein aktiver Mensch sein. Von einem Arzt, der über meine Dienstfähigkeit zu entscheiden hatte, wurde ich aufgrund meiner Symptomatik in den Ermittlungsdienst abgeordnet, was bedeutete, nicht mehr im Schichtdienst, sondern nur im Tagesdienst zu arbeiten. Überhaupt wieder zum Dienst zu gehen und dann die Umstellung, die der Tagdienst mit sich bringt, war am Anfang recht schwierig für mich, aber ich begann nach einiger Zeit damit langsam wieder klarzukommen.

Ich kenne Kollegen, die aufgrund eines PTBS pensioniert wurden, da das Erlebte so schlimm für sie war, dass sie es nicht so aufarbeiten konnten, dass sie wieder dienstfähig werden konnten. Aber anstatt sich zu freuen, dass man es zumindest so weit gebracht hat, überhaupt wieder im Dienst zu erscheinen, erlebte ich es teilweise ganz anders. Es gab Neider, die nur sahen, dass ich knapp über 30 Jahre alt und körperlich voll leistungsfähig war und im Tagesdienst arbeitete. Das Burn-out und PTBS wurden offensichtlich als weniger dramatisch bewertet.

Nun bin ich kein Mensch, der solche Sachen wie ein Fernstudium anfängt und nicht zu Ende bringt, zumal die ganze Fernstudiumsgeschichte recht teuer war. Also führte ich mein Fernstudium weiter. Komischerweise sehr zum Leidwesen einiger Kollegen.

Es gab aber auch Kollegen, die sich für mich freuten, dass ich es geschafft hatte, wieder dienstfähig zu sein, was wirklich nicht selbstverständlich ist. Trotzdem hatte ich immer noch Angst davor, zurück in den Schichtdienst zu müssen. Ich denke, dass kann nur jemand nachempfinden, der Ähnliches erlebt hat, was ich dort erlebte.

Ich verheimlichte gegenüber den Kollegen nicht, dass ich dieses Fernstudium machte und auch aus welchen Gründen nicht. Es war ja bekannt, warum ich solange krankgeschrieben und in den Tagesdienst abgeordnet war.

Irgendwann wurde mir angeboten, in einer anderen Dienststelle mit speziellem Aufgabengebiet zu hospitieren, um zu sehen, ob das etwas für mich wäre. Diese Stelle würde für mich bedeuten, dass ich fest im Ermittlungsdienst tätig sein würde, ohne je wieder in den Schichtdienst zu müssen. Ich sagte sofort zu und fing ein paar Tage später mit meiner Hospitation an.

Auch dort verheimlichte ich das Studium nicht und auch nicht die Gründe dafür. Ich verheimlichte auch nicht, dass ich unter Umständen den Beruf wechseln würde. Auf der anderen Seite wusste ich aber auch, dass ich mit dieser Stelle niemals mehr Angst haben müsste, je im Schichtdienst arbeiten zu müssen. Alle meine Sorgen und Ängste hätten sich in Luft aufgelöst und ich würde, sollte mir diese Stelle nun liegen, wahrscheinlich niemals meinen Beruf aufgeben, von dem ich als Kind schon geträumt hatte.

Der Tag, der alles veränderte

Ich war gerade 14 Tage auf der neuen Dienststelle. Viele Dinge waren anders oder wurden anders angegangen. Trotzdem versuchte ich mich möglichst schnell einzuarbeiten.

An einem Freitag im Herbst 2010 fuhr ich mit meinem Kollegen in ein Krankenhaus in der Stadt, um eine am Tag vorher verunglückte Autofahrerin zu vernehmen. Nachdem wir die Vernehmung geschlossen hatten, beschlossen wir, zu ihrem Unglücksort zu fahren, um dort vor Ort in der Nähe zu ermitteln.

Wir befuhren eine gut ausgebaute Straße, die aus der Stadt hinaus führt. An einer Kreuzung außerhalb der Stadt, wollten wir nach links abbiegen. Der Kollege fuhr und musste an der Kreuzung anhalten, um den Gegenverkehr passieren zu lassen. Ich wollte unbedingt die Erste sein, die einen Ermittlungserfolg hatte, wollte ich doch diese Stelle unbedingt haben. Ich beugte mich nach vorne und schaute in die linke Straße, um dort etwas vor dem Kollegen zu entdecken.

Direkt nachdem das entgegenkommende Fahrzeug passiert hatte, knallte es von hinten ohrenbetäubend und wir wurden nach vorne geschoben. Ich schleuderte in den Gurt, und wurde abrupt von diesem gestoppt. Ich hatte das Gefühl, dass mein ganzer Körper auseinander gerissen werden würde. Die Heckscheibe unseres Zivilwagens flog uns dabei in kleinen Stücken um die Ohren.

Wir kamen irgendwie zum Stehen und der Kollege sagte, dass seine Brille weg sei. „OK, wir hatten einen Unfall" dachte ich mechanisch. „Beweg erst mal alles".

Meine Wirbelsäule knackte dabei, aber nur bei der ersten Bewegung, dann war es erst einmal in Ordnung. „Ich muss aussteigen und gucken, was passiert ist". Ich stieg also aus dem Auto aus. Ich hatte ein eigenartiges Gefühl dabei, was sehr schwer zu beschreiben ist. Es war so, als wäre mein Inneres an eine andere Stelle geschoben worden und ich würde alles aus einer anderen Perspektive sehen. Ich war schon irgendwie in mir, aber auch irgendwie so, als würde ich neben mir stehen.

„Bloß nichts anmerken lassen, das geht wieder weg", dachte ich bei mir.

Ich ging auf die Unfallverursacherin und meinen Kollegen, die beide auf der Straße standen, zu. Sie entschuldigte sich bei mir. Ich wusste, sie hatte das nicht mit Absicht getan und ich war ihr auch nicht böse. Jedem Menschen kann das passieren.

Der Kollege schickte mich los, um die Personalien eines Zeugen aufzunehmen. Ich suchte verzweifelt Stift und Zettel im Auto und versuchte dann die Personalien zu notieren. Meine Hände fühlten sich komisch an. Irgendwie kribbelten sie und irgendwie fühlten sie sich an, als hätte ich „Elefantenhände". So dick, obwohl alles normal ausschaute. Ich schaffte es mit viel Mühe, die Personalien zu notieren und den Zeugen zu entlassen.

Der Kollege übernahm die Organisation vor Ort, von Mitteilung unserer Leitstelle über Bestellung von anderen Kollegen, die den Unfall aufnahmen und Bestellung des Abschleppdienstes.

Die Kollegen, die den Unfall aufnahmen, waren von meiner ehemaligen Dienststelle und ich hatte bereits verschiedene Dienste mit ihnen gemacht. Sie waren mir also bekannt. Ich musste cool bleiben, nur nicht (wieder) jämmerlich erscheinen und so gab ich mir alle Mühe, mir auch hier nichts anmerken zu lassen. Auf die Fragen, ob ich verletzt sei, sagte ich, dass mir zur Zeit die Schulter und der Nacken weh tun würden. Einen RTW lehnte ich aber ab; ich wollte mir doch nicht schon wieder eine Blöße geben. Es wurde ein Abschleppdienst bestellt, der unser Auto und uns zur Dienststelle bringen sollte. Als ich im Abschleppfahrzeug saß, wurde mir plötzlich extrem schlecht. Als wir endlich auf der Dienststelle ankamen, war mir schlecht und ich fror, als hätte es draußen einen Temperatursturz in die Minusgrade gegeben. Außerdem war mir schwindlig und die Schmerzen im Rücken, Nacken und der Schulter nahmen zu.

Ich fuhr mit meinem Kollegen in ein Krankenhaus in der Nähe. Ich musste aufpassen, dass ich mich im Wartezimmer nicht übergab. Der Arzt untersuchte mich und ordnete Röntgen vom ganzen Rücken an.

Er frug mich, ob ich mich an alles erinnern könne. Ich sagte „ja, glaube schon", und schilderte, dass wir einen Unfall hatten, ich selbstständig ausgestiegen sei und nun hier wäre. Das reichte dem Arzt und er verlangte keine Details zum Unfallhergang.

Heute vergleiche ich diesen Umstand, dass er keine Details verlangte, ohne das böse oder lächerlich zu meinen, gerne mit dem Bild eines Kinderkaspertheaters. Dort wird am Anfang immer gefragt, ob alle Kinder da sind. Aber die Kinder, die nicht da sind, antworten auch nicht, dass sie nicht da sind. Und so war die Frage „können sie sich an alles erinnern?" für mich genauso. Wie soll ich mich an etwas erinnern, was nicht da ist? Erst mit der Aufmerksamkeit eines Arztes, der den Unfallhergang bis ins Detail abgefragt hatte, wurde sehr viel später eine Erinnerungslücke aufgedeckt.

Leider erst sehr viel später, was später in einem der Gutachten zu der Aussage führte, dass meine Angaben nicht wahr sein sollten.

Bei dieser späteren, sehr detaillierten Befragung zum Unfallhergang fragte der Arzt mich, wo mein Kollege gewesen sei, als ich aus dem Fahrzeug ausgestiegen bin. Ich antwortete, dass er bereits auf der Straße gestanden und sich mit der Unfallverursacherin unterhalten habe. „Haben sie bemerkt, wie er ausgestiegen ist?" Nein, das hatte ich tatsächlich nicht bemerkt. „Hat er seine Brille im Auto gefunden?" Ich glaubte schon, er hatte sich danach nicht mehr beschwert, dass er keine mehr hat. Erst da wurde uns durch diese ärztliche Befragung klar, dass ich eine Erinnerungslücke habe. Mir fehlt tatsächlich der Moment, wie der Kollege seine Brille im Auto gesucht und wahrscheinlich gefunden hat, wie er aus dem Auto ausgestiegen und zur Unfallverursacherin gegangen ist. Es ist für mich irgendwie ein wenig vergleichbar mit unserem alten Computer. Wenn unser alter Computer früher plötzlich abgestürzt ist und nach dem Absturz wieder mit einem Notprogramm hochgefahren ist, dann lief zwar unter Umständen der Computer, aber nur mit einem wesentlich schlechteren Programm. Das Notprogramm arbeitet dann zwar, ist aber dem normalen Programm total unterlegen, weil es einige Dinge nicht kann und auch nicht so schnell ausführt. Von der schnellen Ausführung, die viele Dinge gleichzeitig hinbekommt, zurück zur langsamen Version, die eins nach dem anderen macht. Bis heute kann ich nicht sagen, wie lange diese Erinnerungslücke dauert. Zumindest hat die Zeit für den Kollegen gereicht, um seine Brille zu suchen, offensichtlich zu finden, auszusteigen, zur Unfallverursacherin zu gehen und sich mit ihr zu unterhalten.

An der Unfallstelle, einer sehr gut ausgebauten, breiten Straße, die außerhalb der geschlossenen Ortschaft liegt, ist eine Geschwindigkeitsbeschränkung auf 70 km/h eingerichtet. Ich kann mich nicht erinnern, dass jemand vor uns fuhr und bin der festen Überzeugung, dass wir alleine dort abbiegen wollten und niemand vor uns dort in die Straße fahren wollte. Es gab also eigentlich keinen offensichtlichen Grund für die Unfallverursacherin langsamer als 70 km/h zu fahren. Als Polizeibeamtin weiß ich natürlich, was dort an dieser Stelle üblicherweise für Geschwindigkeiten gefahren werden.

Wer möchte, kann mal für ein paar Tage einen Selbsttest wagen und sich bemühen, die tatsächlich vorgeschriebene Geschwindigkeit seiner Fahrstrecke einzuhalten. Aber bitte nicht mogeln, zehn km/h mehr, sind dann auch eben zehn km/h zu viel.

Leider können schon zehn km/h mehr, im Falle eines Unfalles, sehr viel ausmachen.

Wir hielten also auf dieser gut ausgebauten Straße an, um den Gegenverkehr passieren zu lassen. Wir wollten mit unserem Zivilwagen gerade anfahren, um nach links in die Straße einzubiegen, als uns der andere Wagen von hinten, auf meiner Seite, mit voller Wucht traf. Ob wir vor dem Aufprall beim Warten auf den Gegenverkehr schon leicht rollten, kann ich nicht sagen, ich bin aber der Meinung, dass wir komplett still standen. Es gab im Nachhinein keine Bremsspur auf der Straße und ich hatte auch kein Reifenquietschen vorher wahrgenommen. Das bedeutet für mich eigentlich, dass die Verursacherin, wenn wir davon ausgehen, dass die vorgeschriebene Geschwindigkeit eingehalten wurde, mit ungebremsten 70 km/h auf ein stehendes Auto aufgefahren ist.

Wie ich Jahre später erfahren habe, hatte unser Fahrzeug einen Schaden von über 13000 Euro und einen Restwert von 2000 Euro. Das Fahrzeug wurde nicht wieder repariert. In der ebenfalls Jahre später folgenden Güteverhandlung vor Gericht, sagt die Unfallverursacherin aus, sie sei mit maximal 30 km/h aufgefahren.

Wie immer in meinem Leben ließ ich mir also auch am Unfallort nichts anmerken. Ich versuchte mich zu sammeln und zu beruhigen und trotzdem irgendwie cool zu bleiben.

Auf dem Bericht des von uns aufgesuchten Krankenhauses stand:

HWS-Distorsion, WS-Stauchung (mit musc. Verspannung) und vegetative Symptome, Thoraxprellung (d.Gurt)

Rö: HWS/BWS/LWS 0#-Zeichen deutl. Steilstellung HWS

Das wäre alles nicht so schlimm und ich könne am folgenden Montag bestimmt wieder arbeiten – so die Aussage des behandelnden Arztes aus dem Krankenhaus.

Die HWS-Distorsion wird umgangssprachlich auch Schleudertrauma genannt. Der Begriff Schleudertrauma beschreibt aber eigentlich nur den Unfallmechanismus. Ich nenne sie lieber Beschleunigungsverletzung (BV).

Was genau eine Beschleunigungsverletzung der Halswirbelsäule ist, welche mir auf dem Bericht des erstbehandelnden Arztes bereits attestiert wurde, kann man eigentlich ganz gut im Internet recherchieren.

In dem Buch „Beschleunigungsverletzung der HWS" von Graf, Grill und Wedig wird es mehrfach an verschiedenen Stellen erklärt.

Bei einem Auffahrunfall wird das getroffene Fahrzeug samt Insassen plötzlich nach vorne beschleunigt. Aufgrund seiner Massenträgheit bleibt der Kopf zurück, während der Torso nach vorne beschleunigt wird. Der Hals wird im Sinne einer Retraktionsbewegung plötzlich überstreckt, geht dann in eine Extensionsbewegung über und endet in einer gebeugten Nackenhaltung.

Viele bezeichnen diesen Mechanismus auch als Peitschenhiebverletzung. Auch im Netz kann man eine Beschreibung einfach finden.

Eine Beschleunigungsverletzung kann aber nicht nur bei einem Heckaufprall bei einem Auto entstehen, sondern auch bei einem Aufprall von vorne, bei einem Sturz von einer Leiter, einem Fahrrad, einem Pferd oder bei jeglichen Aktivitäten, bei denen es zu solch einem Peitschenhiebmechanismus kommen kann. Es gibt vielfältige Möglichkeiten der Entstehung einer BV. Zum Glück ist es so, dass bei dem größten Teil der Unfallopfer mit einer Beschleunigungsverletzung, diese auch bald ausheilt. Den Unfallopfern geht es nach einigen Tagen oder Wochen wieder gut und sie können ihr normales Leben weiterführen. Bei mir war das leider nicht so.

Mein damaliger Ehemann holte mich im Anschluss an die Untersuchung ab und fuhr mich nach Hause. Ich hätte gar nicht mehr fahren können. Ich stand zu diesem Zeitpunkt bereits völlig neben mir.

Die Fahrt nach Hause war eine einzige Katastrophe. Ich musste mich so bemühen, mich während der Fahrt nicht zu übergeben, ich fror wie ein Schlosshund und mein ganzer Körper begann zu schmerzen. Zuhause angekommen, legte ich mich hin und schlief sofort ein, als hätte mir jemand einen Holzhammer über den Schädel gezogen. Wenn ich halb wach war in den nächsten Tagen, hatte ich Schmerzen am ganzen Körper und das Gefühl, es würde ein Betonklotz auf meiner Brust liegen, der nicht zuließ, dass ich tief einatmete. Wenn ich aufstand, wurde mir sofort übel und schwindlig, meine Beine zitterten, als wäre ich kurz zuvor Marathon gelaufen. Meine Hände kribbelten wie irre und ich bemerkte irgendwann in meinem Tran, dass auch meine Füße kribbelten. Meine Ohren schienen zu platzen vor lauter Rauschen und ich hatte auf beiden Ohren einen dauerhaften Piepton. Die nächsten drei Tage verbrachte ich in einer Art Dämmerzustand – halb wach, halb schlafend. Dann zwang ich mich mit aller Gewalt dazu, wieder aufzustehen. Es wurde zwar in den nachfolgenden Tagen etwas besser, aber wirklich pralle war das alles nicht. Sobald ich den Kopf nach rechts oder links drehte, wurde mir postwendend extrem schlecht. Und wenn ich ihn nach links gedreht hatte und zurück drehte, bemerkte ich ein leises Knirschen, so als würde etwas aneinander reiben. Meine Hände kribbelten immer noch, genau wie meine Füße und auch der Rest der Beschwerden war zwar leicht besser, aber immer noch da.

Mein Leben danach

Ich suchte meine Hausärztin auf, die mich krankschrieb. Ich war so unglaublich müde. Ich musste mich zu allem zwingen. Nichts klappte und ich musste mich immer wieder hinsetzen. Ich hatte übelste Nackenschmerzen und auch die Mitte meines Rückens tat heftig weh, genau wie der untere Bereich. Versuche mit unserem Hund ins Feld zu gehen, scheiterten nach 50 Metern und ich musste umdrehen. Ich hatte das Gefühl, überhaupt keine Kraft in meinen Beinen und Armen zu haben. Sobald ich anfing mich mehr zu bewegen, zitterten meine Beine, wie sonst im Training, wenn man schon alles gegeben hat und die Muskeln erschöpft sind. Ich stolperte auch auffallend häufig. In dieser Zeit stellte ich zudem fest, dass ich Dinge wie PINs und ähnliches vergessen hatte und ich war irgendwie verwirrt. Ein Umstand, der sehr schwer zu beschreiben ist. Ich verwechselte Buchstaben und verlor plötzlich mitten im Gespräch den „roten Faden" und wusste nicht mehr, was ich eigentlich sagen wollte. Mir fielen ständig Gegenstände aus der Hand; mehrere Gläser gingen dabei zu Bruch. Außerdem blieb ich öfter mit der Schulter an Türrahmen, Schränken o.ä. hängen, als ob ich die Abstände falsch einschätzen würde. Wenn ich mich zu schnell bewegte, hatte ich Gleichgewichtsstörungen, als hätte ich zu viel Alkohol getrunken.

Heute sage ich immer: Ich bin mittlerweile so gut im Stolpern und Torkeln, dass man meint, ich würde durchs Leben tanzen.

Mein Standardspruch dazu, wenn ich Gleichgewichtsprobleme auch noch in der Öffentlichkeit habe: „Keinen Schluck mehr, Frau Pudenz". Die meisten Menschen finden das dann lustig.

Auch nach zwei Wochen zuhause waren die Symptome immer noch nicht wieder weg. Da es aber besser war als am Anfang und ich diese Stelle, bei der ich hospitiert hatte, unbedingt haben wollte, schleppte ich mich zum Dienst.

Es war eine einzige Katastrophe. Ich verwechselte Formulare, lud falsche Leute zur Vernehmung vor, verwechselte Sachverhalte usw. Ich war gar nicht in der Lage komplexe Sachverhalte zu verstehen und hatte den Eindruck, je mehr ich mich anstrengte, desto verwirrter war ich. Ich versuchte das immer irgendwie zu vertuschen, indem ich dann einfach etwas anderes erzählte. Ich las Anzeigen ohne deren Sinn zu erfassen und machte einen Fehler nach dem anderen. Mir war schon auf der Fahrt zum Dienst extrem schlecht und nach einigen hundert Metern Laufstrecke fingen immer meine Beine an zu zittern und stolpern konnte ich richtig gut. So konnte das nicht weitergehen. Also vereinbarte ich einen Termin bei einem Orthopäden. Bis zu diesem Termin schleppte ich mich weiterhin zum Dienst und versuchte, so wenig wie möglich Fehler zu machen und mich so gut wie möglich einzubringen, was aber alleine schon durch den Umstand, dass ich noch nicht alle Abläufe automatisiert hatte und vieles noch gar nicht kannte, erschwert wurde. Aber sogar der Kollege, der mir gegenüber saß, bemerkte, dass etwas nicht stimmte, obwohl ich mit all meiner Kraft versuchte, so normal wie möglich zu sein.

Über die Zeit bemerkte ich auch im Alltag, dass ich mich nicht mehr richtig konzentrieren konnte. Es häuften sich Aussagen von anderen wie „das habe ich dir doch schon erzählt, da haben wir schon drüber gesprochen" oder ähnliche Kommentare. Es war, als hätten sie nie etwas dergleichen zu mir gesagt; es war einfach nicht in meinem Hirn angekommen. Komplexen Gesprächen konnte ich kaum folgen. Zwei Dinge gleichzeitig machen, wie ich es gewohnt war zu tun, war auf einmal nicht mehr möglich.

Ich versuchte umso verzweifelter mit all meiner noch vorhandenen Energie meinen Alltag zu strukturieren und so normal wie möglich zu leben. Wie immer wollte ich mir nichts anmerken lassen – gerade meinen Kindern und meinem Mann gegenüber nicht. Ich hasse es bei anderen Menschen zu jammern, also beiße ich mir lieber die Zunge ab, als zu sagen, dass es mir schlecht geht. Jammern lässt einen schwach wirken und diese Blöße wollte ich mir nicht geben. Ich hatte meine ganze Hoffnung auf diesen Termin beim Orthopäden gesetzt, doch es sollte ganz anders kommen.

Bei meinem Termin wurde ich ins Sprechzimmer gebeten. Ein Arzt saß auf dem Stuhl und fragte, um was es gehe. Ich schilderte ihm alles. Hierbei sah er mich noch nicht einmal an. Er machte sich Notizen. Es war, als würde ich mit einer Wand sprechen. Das fand ich schon sehr unhöflich und respektlos. Nachdem ich fertig war mit meiner Schilderung, sagte er lapidar, ich solle einen Neurologen wegen des Kribbelns und einen HNO-Arzt wegen des Tinnitus' aufsuchen. Keine Untersuchung! Nichts!

Dann schrieb er einen kurzen Bericht:

Vorstellung -Neurologie + HNO; auf orthop. Fachgebiet keine Pathologie ausmachbar

Ja, wie soll denn auch eine Pathologie ausmachbar sein? Es hatte ja überhaupt keine Untersuchung stattgefunden. Nichts. Er hatte mich weder angefasst, noch überhaupt angeschaut! Ich war so erbost über sein Verhalten, dass ich meine Krankenkasse anrief und sagte, dass sie auf keinen Fall eine Rechnung von ihm bezahlen sollten. Die Auskunft dort: Man zahle ohnehin einen Pauschalbetrag und ich solle einen anderen Orthopäden aufsuchen.

Ich war absolut geschockt von diesem Termin. Da geht man als Patient zum Arzt, weil es einem wirklich schlecht geht und man nichts mehr auf die Reihe bekommt und wird weder untersucht, noch hatte der Arzt überhaupt den Respekt einem in die Augen zu schauen. Ich konnte hier also keine Hilfe erwarten.

OK. Gesagt, getan. Ich begann einen anderen Orthopäden zu suchen und vereinbarte erneut einen Termin. Wer hin und wieder einen Facharzt aufsucht, weiß, wie lange man auf einen Termin warten muss. Insgesamt waren dann fünf Wochen ins Land gezogen, bis ich wieder im Wartezimmer eines Orthopäden saß. Als ich dran war und mein Problem geschildert hatte, wurde ich untersucht. Die Aussage dieses Orthopäden war, dass ich mir ganz massiv die Bänder im Nacken verzerrt habe und die gesamte Muskulatur extrem verspannt sei. In meinem Fall hätte man das ruhigstellen sollen. Er schrieb mich krank und bot mir Akkupunktur und Krankengymnastik an. Danach dachte ich, dass alles sicher wieder besser wird. Dienst machen, endlich wieder Sport machen, reiten gehen und mit dem Hund laufen und mich wieder an mein Fernstudium setzen, was ich irgendwie gar nicht mehr geregelt bekommen hatte. Es sollte einfach wieder alles normal werden. Alle Versuche, mit dem Studium weiter zu machen, scheiterten kläglich. Ich konnte mir kaum einen Satz merken. Geschweige denn, überhaupt komplexe Dinge sinnerfassend lesen und auch behalten zu können. Manche Sätze musste ich mehrfach lesen und wenn ich dies geschafft hatte und fünf Sätze weiter war, musste ich nachschauen, was vorne stand. Alles lief quer, nichts ging voran. Beim Sport war es ähnlich. Ich versuchte am Training teilzunehmen, aber mir wurde schon beim Warmlaufen auf den ersten Metern fürchterlich schlecht und schwindelig. Außerdem hatte ich ständig das Gefühl, meine Muskeln hätten keine Kraft mehr und sie fingen auch an zu zittern. Ich schob es auf die Wochen ohne Sport und dachte, meine Kondition sei extrem schlecht geworden. Und ich war immer so müde. Ich fühlte mich ständig so, als hätte ich zwei Nachtdienste hintereinander gemacht, ohne tagsüber zu schlafen. Ich musste mich immer zwischendurch hinlegen und ich schlief sofort ein, als hätte mir jemand einen Holzhammer über den Schädel gezogen. Ich musste mich zwingen wieder aufzustehen, sonst wäre ich ewig liegen geblieben. Reiten habe ich auch versucht, hatte ich mir ja lange vor meinem Unfall meinen Traum eines eigenen Pferdes erfüllt. Aber ich hätte sterben können vor Rückenschmerzen, wenn ich auf dem Pferd saß. Aber am schlimmsten war es, wenn ich nicht mehr auf dem Pferd saß direkt nach dem Reiten, dann konnte ich mich nicht mehr bücken, es krachte richtig in meiner Wirbelsäule.

Und mir fiel es unsagbar schwer, überhaupt die nötige Kraft aufzubringen, um alleine schon das Pferd zu putzen und die Hufe auszukratzen. Zum Glück hatte ich zu diesem Zeitpunkt schon eine Reitbeteiligung, die dann im weiteren Verlauf mein Pferd auch übernommen hat, nachdem ich Monate später einsehen musste, dass ich mich nicht mehr so kümmern konnte, wie es nötig war. Da habe ich zugunsten des Pferdes entschieden es wegzugeben, aber es war bis zu diesem Zeitpunkt der schwerste Schritt den ich gegangen war.

Dass es noch viel schmerzvoller werden würde, ahnte ich ja zu diesem Zeitpunkt nicht.

Das einzige Hobby, was mir seit meinem Unfall noch geblieben ist, ist das Singen. Daran habe ich mich auch selbst festgehalten. Wer singt, weiß, dass es die Konzentration fördert und weiß auch, dass man Körperspannung usw. aufbauen und auf seine Atmung achten muss. Ich war nach dem Unfall schon mehrfach so weit, dass ich auch dies aufgeben wollte, denn ich konnte mir plötzlich keine Liedtexte mehr merken und der Gesangsunterricht war wahnsinnig anstrengend für mich. Langes Stehen ging gar nicht mehr, ich hatte immer das Gefühl meine Beine würden zittern, aber im Sitzen kann man auch nicht gescheit singen. Es war einfach zum Mäusemelken. Ich habe im Endeffekt nicht damit aufgehört, aber ich habe angefangen es nicht als „leistungsmäßig" anzusehen für riesengroße Auftritte, sondern eher für mich – als Therapie. Geradestehen, Körperspannung aufbauen, richtige Atmung und Konzentration sind Grundlagen für das Singen. Aber bis heute habe ich Phasen, in denen ich alles hinschmeißen will, weil nichts so funktioniert, wie ich es gerne möchte. Und bei dem Gesangsunterricht merkt man ganz extrem die verschiedenen Spannungszustände vom Körper. Jede Unterrichtsstunde oder jedes Singen ist dadurch anders. Jedes Mal muss ich mir die „Technik" neu erarbeiten, nichts geht einfach von alleine.

Die vom Orthopäden verordnete Akkupunktur half leider überhaupt nichts. Einmal bekam der Arzt noch nicht einmal die Nadel in meine Schultermuskeln gesteckt, so hart war alles. Auch die Krankengymnastik bekam mir überhaupt nicht. Da nichts half, sollte ich zum MRT. Ich ließ das MRT über mich ergehen. Der Radiologe rief mich in sein Besprechungszimmer und erklärte mir, er könne soweit bis auf eine kleine Stelle im sechsten

Halswirbel nichts feststellen, dabei würde es sich seiner Meinung nach vermutlich um eine Einblutung in den Wirbelkörper handeln. Hierzu muss man anmerken, dass das MRT ja Wochen / Monate nach dem Unfall gemacht wurde und dass man das komplette Ausmaß einer Einblutung dann gar nicht mehr sehen kann, da die Einblutung ja auch vom Körper wieder abgebaut wird. Sonst würden blaue Flecke ja auch nicht wieder weg gehen.

Der Radiologe erklärte mir aber auch, dass sein MRT ein statisches MRT sei und ich auf jeden Fall zu einem Funktions-MRT müsste, da eine Instabilität der Kopfgelenke nicht in einem statischen MRT festzustellen sei, eben weil es ja nur statisch ist. Wenn man Bänder und Ähnliches richtig beurteilen möchte, dann würde das nur in Funktion gehen. Das klang einleuchtend. Ich hörte in seinem Zimmer das erste Mal in meinem Leben die Wörter „Kopfgelenke, Instabilität und Funktions MRT". Er schrieb in seinen Bericht aber hinein:

keine Instabilitätszeichen

Dazu sagte er: „Ich kann nichts bescheinigen, was ich nicht festgestellt habe". Das war leider in seinem Bericht unglücklich ausgedrückt, wie wir später sehen werden. Denn er schrieb leider auch nicht, dass er mit einem statischen MRT überhaupt nicht in der Lage gewesen wäre, etwas festzustellen.

Ich ging völlig neben der Spur aus der Praxis. Nicht ahnend, was das alles für einen Rattenschwanz hinter sich herziehen würde, in welche Systeme ich gelangen würde und wie schwierig sich alles gestalten würde. Nicht nur, dass es mir körperlich so bescheiden ging, nein, es sollte alles auch noch nervenzehrend werden. Dieser Radiologe hatte ja nur Bilder der HWS gemacht, Schmerzen hatte ich aber nach wie vor nicht nur oben im Genick, sondern auch in der Mitte und unten im Rücken. Aber die Schmerzen mittig und unten im Rücken blieben irgendwie immer unbeachtet, obwohl ich es mehrfach benannte. Bis heute wurde niemals ein MRT in diesen Bereichen gemacht, obwohl die Schmerzen bis heute da sind.

Ich fing an zu recherchieren, was denn der Begriffskonstrukt „Kopfgelenke und Instabilität" bedeutet. Diese Recherche allein fand ich schon unglaublich schwierig. Ich konnte nie lange dran bleiben und verstand vieles von dem, was ich fand, gar nicht. Im späteren Verlauf der Recherchen stieß ich dann auf ein Buch, das ich heute spaßeshalber „meine Bibel" nenne. Es ist das schon einmal anfangs benannte Buch „Beschleunigungsverletzung der HWS" von Graf, Wedig und Grill aus dem Steinkopff Verlag. Es war für mich an besonders schlechten Tagen oft das Licht an meinem Horizont und ließ mich nicht verzweifeln. Es ist ein Werk, das die Beschleunigungsverletzung aus verschiedenen Richtungen betrachtet. Medizinisch, technisch und juristisch.

Zu dem vom Radiologen erwähnten Funktions-MRT wird von dem Autor J. Naxera unter anderem auf Seite 150 und 151 eine gute Erklärung in diesem Buch gegeben:

Besonderheiten der Untersuchungstechnik

Im Unterschied zu den fünf großen Gelenkflächen im Kniegelenk besitzt die HWS wenigstens 42 kleine Gelenkflächen. Bei einer klinischen Untersuchung lässt sich also z.B. nicht ohne Weiteres feststellen, welche von ihnen richtig beweglich sind, oder ob ein Gelenkerguss oder sogar Einblutung vorliegt.

Die einzelnen Gelenkflächen sind um eine Größenordnung kleiner und auch die Bänder sind entsprechend schmaler. Bezüglich der Auflösung und des Signals lässt sich also im Vergleich zum Kniegelenk quasi ca. nur eine halb so gute Bildqualität erreichen, diese muss aber genügen, um etwa zehnmal kleinere Objekte darzustellen.

Der leider bereits verstorbene Autor B. H. Johansson schreibt auf Seite 156 des Buches in seinem Bericht zur funktionalen Kernspintomographie:

Eine funktionelle Kernspintomographie wird ausgeführt, indem man die Nackenwirbelsäule durch manuelle/ und Kopfgelenksgrifftechniken in Endstellung positioniert, so dass pathologische Bewegungsmuster und Verletzungen an den Bändern und Gelenkskapseln entdeckt werden können. Diese Verletzungen können nur dann objektiviert werden, wenn systematisch verschiedene Positionen eingenommen werden.

Mein Orthopäde hielt ein Funktions-MRT nicht für notwendig und viel zu teuer. Das verstand ich damals überhaupt nicht, schob es aber auf: zwei Ärzte, zwei Meinungen. Heute weiß ich, dass das Funktions-MRT bei einer Beschleunigungsverletzung bei einem Teil der Ärzteschaft nicht anerkannt ist. Warum das so ist, verstehe ich nicht. Auf jedem erdenklichen anderen Gebiet sei es in der Medizin oder in anderen Bereichen, darf die Technik sich weiter entwickeln. Nur auf der Diagnostik von einer Beschleunigungsverletzung nicht? Ich glaube, die Antwort ist Geld! Weil dann die Versicherungen zu mehr Entschädigung gezwungen wären, wenn man zulässt, dass Verletzungen der HWS objektiviert werden können.

Sehnen und Bänder am Knöchel oder Knie oder sonst wo im Körper können reißen, das ist belegt und anerkannt, warum nicht auch im Genick? Das ist für mich total unlogisch. Wie soll man, ohne sich weiterentwickelnde Technik, so kleine Strukturen darstellen? Für mich total unverständlich. Auch ist mir bei den Recherchen aufgefallen, dass man offensichtlich eine Instabilität der Wirbelsäule zum Beispiel innerhalb des Themas Rheumatologie total ernst nimmt.

Auch scheint in diesem Bereich die Funktionsdiagnostik bei Verdacht einfach dazu zu gehören. Natürlich hat das völlig andere Ursachen, das ist mir bewusst.

Der Termin beim Neurologen, den ich bereits Monate zuvor vereinbart hatte, stand auch endlich an. Ich schilderte der Ärztin, dass direkt nach dem Unfall meine ganzen Hände und Füße gekribbelt haben und jetzt noch an beiden Händen jeweils der kleine Finger und der Ringfinger kribbelten und die Fußsohlen auch. Es folgten verschiedene Untersuchungen. Dann sagte mir die Ärztin wortwörtlich:

„Sie haben ein Psychotrauma erlitten, gehen sie mal zur Psychotherapie. Dass Hände und Füße gleichzeitig kribbeln, ist anatomisch nicht möglich!"

Ich dachte, ich höre nicht richtig. Also waren meine Schmerzen und Symptome gar nicht körperlich, sondern psychisch? Ich war erneut wie vor den Kopf geschlagen. Mir war es egal, ob meine Symptome psychisch oder körperlich waren, Hauptsache war, sie würden weggehen. Der Name des Kindes war für mich dabei ohne Bedeutung.

Ich war eigentlich mit meiner Therapie von meinem Burn-out/ PTBS fertig, aber ich verlängerte die Therapie aus diesen Umständen heraus, nur um sicher zu gehen, alles abgedeckt zu haben. Weiterhin erwähnte die Neurologin aber auch etwas von einem Wurzelreizsyndrom. Erklären tat sie es nicht, oder ich hab es nicht mehr aufnehmen können. Ich verstand die Welt nicht mehr. Ich erzählte ihr noch etwas von dem Vorschlag des Radiologen aus dem gleichen Haus, bezüglich des Funktions-MRT. Daraufhin gab sie mir hierfür, mehr oder weniger widerwillig, eine Überweisung. Für mich wäre es die einfachere Lösung gewesen, wenn meine Symptome psychisch gewesen wären. Dann hätte ich mir helfen lassen können und hätte weiter eine Therapie gemacht. Ich wäre so froh gewesen, wenn man an meinen Symptomen hätte arbeiten können; auf welcher Ebene das gewesen wäre, war mir egal.

Der HNO-Arzt, den ich zwischenzeitlich hier in der Nähe aufgesucht hatte, konnte bei seiner Untersuchung nichts feststellen. Er schrieb in seinen Bericht:

Zustand nach HWS Schleudertrauma. Nach dem Unfall aufgetretenes multifrequentes Rauschen in beiden Ohren mit leichtem hochfrequenten Pfeifton. Die Geräusche seien ständig vorhanden seit dem Unfall, vorher nie aufgetreten.

Subjektiv leichte Hörverschlechterung. Unter Belastung zunehmendes Schwindelgefühl mit Unsicherheit und Schwanken. Im Sitzen und in Ruhe träte dieses Gefühl nicht auf.

Diagnose: Kein Hinweis auf eine primär otogene Ursache. Die geschilderten Beschwerden sind aus meiner Sicht typisch für die durch das Schleudertrauma noch ausgelösten Probleme im cranio-cervikalen Übergangsbereich.

Er sagte also, dass es typische Beschwerden für ein Schleudertrauma sein würden.

Ich vereinbarte sofort einen Termin zum fMRT. Da die Praxis sehr weit weg war, fuhr mein Mann mich dorthin. Ich lernte einen Arzt kennen, dem ich bis heute sehr dankbar bin. Er war der Erste, der mich bei der Schilderung meiner Beschwerden nicht schief ansah und einfach nur verstand. Auch er erklärte, warum man keine Instabilität in einem statischen MRT erkennen kann. Alles was er sagte, klang so logisch und einleuchtend. Er war auch der Erste, der das Wort „Berufsunfähigkeit" in den Mund nahm. Er sagte aber auch, er kann nicht versprechen, etwas sichtbar zu machen. Es folgten fast zwei schmerzvolle Stunden mit Funktionsuntersuchungen. Dann wurde ich wieder zu ihm gerufen und er sagte, er hätte was gefunden, was meine ganzen Symptome erklären würde. Ich durfte auf seinem Stuhl vor seinem PC sitzen und er erklärte mir und meinem Mann, dass sich der Dens meines zweiten Halswirbels nicht mittelständig befinden und der Halswirbel in Funktion sich pathologisch bewegen würde. In seinem Bericht stand unter anderem:

Im Rahmen der Funktionsuntersuchung kommt es bei Seitneigung und Rotation zu einem ausreichenden Bewegungsausschlag. Bei der Rotation nach links verbleibt der Dens bei der Linksverlagerung. Bei Rotation nach rechts ist er mittelständig. Bei der Seitneigung nach rechts deutliche Densverlagerung nach links. Bei der Seitneigung nach links kommt es zu einer Densverlagerung über das physiologische hinaus nach rechts.

Beurteilung: Subluxationsfehlstellung des Dens nach links. Instabile Dens-Konfiguration (tanzender Dens) im Rahmen der Funktionsaufnahmen.

Ich war so froh, dass er etwas gefunden hatte, dagegen könnte man doch bestimmt endlich etwas tun. Außerdem empfahl er mir, mich mit einem Unfallverband in Verbindung zu setzen, dort könne man mir in jedem Falle weiterhelfen. Und ich sollte einen speziellen HNO-Arzt aufsuchen. Er würde sicherlich andere Untersuchungen durchführen als der HNO-Arzt, bei dem ich gewesen war.

Beim nächsten Akkupunkturtermin bei meinem Orthopäden erzählte ich ihm von dem fMRT. Mein Arzt war, sagen wir es einmal so „not amused" darüber, dass ich diese Untersuchung in seinen Augen wohl mehr oder weniger „erzwungen" hatte und sagte nur, dass Patienten manchmal die Aussagen von Radiologen überbewerten würden – das hätte ich möglicherweise falsch verstanden.

Wieder ein Termin später, legte ich ihm den schriftlichen Bericht des Radiologen vor. Er schaute mich entsetzt an und fragte:

„und wie behandelt man das"?

In dem Augenblick wusste ich, ich brauchte einen anderen Arzt.

Zum Glück hatte ich noch die Telefonnummer des Unfallverbandes und rief dort an. Es sollten noch sehr viele Telefonate folgen. Wenn diese Frau vom Unfallverband nicht gewesen wäre, ich weiß nicht, an welcher Stelle ich heute wäre. Ihre Arbeit ist so viel mehr wert, als man mit Geld jemals bezahlen kann. Sie hat mich nicht nur fachlich unterstützt, sondern auch menschlich. Wie oft habe ich bei ihr angerufen und geheult wie ein Baby, wenn ich nicht mehr weiter wusste in diesem ganzen Chaos. Ich, die sich sonst nichts anmerken lassen will, das will schon etwas heißen. Ich konnte gar nicht glauben, was sie mir alles erzählte, über Gutachter, das ganze Gutachtersystem, andere Betroffene und viele unglaubliche Dinge. Sie erzählte mir auch, dass man immer versuchen würde, mich in die Psychoschiene zu schieben und man immer behaupten würde, man hätte einen Vorschaden. Das sei normal, da die Versicherungen nicht bezahlen wollten. Sie nannte mir einen Orthopäden, der relativ bei mir in der Nähe war. Mein Mann fuhr mit mir dorthin. Der Orthopäde nahm sich Zeit und untersuchte mich manualtherapeutisch. Dieser Mann war einfach fantastisch. So einen Arzt wünscht sich jeder; einen Arzt, der tatsächlich „Humanmedizin" betreibt und keine Auftragsmedizin. Bis heute bin ich ihm so, so dankbar.

Er schrieb:

In der manualtherapeutischen Funktionsprüfung zeigt sich eine massive Kopfgelenksblockierung C1/2 links.

Diagnosen:
1. *Ausgeprägter vegetativer Symptomkomplex nach HWS-Distorsion infolge eines Verkehrsunfalls*
2. *Massive posttraumatische Kopfgelenksblockierung*

Außerdem erklärte er mir, dass es nur logisch sei, dass bei einem solchen Aufprall nicht nur die Bänder und knöcherne Wirbelsäule plötzlich massiv auseinander gerissen werden, sondern der Logik folgend, auch die in der Wirbelsäule vorhandenen Strukturen wie Rückenmark und die angrenzenden Hirnanteile, die dort oben am Kopf/Hals verlaufen. Er sagte, dass solche Sachen durchaus sehr langwierig sein würden. Bis heute klingt es in meinen Ohren:

„das geht bis in die Partnerschaft hinein".

Zu diesem Zeitpunkt dachte ich nur, dass ich wahnsinniges Glück habe, weil mein Mann zu mir steht. Mein neuer Arzt schrieb mich krank und gab mir ein Rezept für Manualtherapie.

Allerdings sagte er, ich solle den Manualtherapeuthen sorgfältig aussuchen. Dass sich das auch nicht einfach gestalten würde, ahnte ich mittlerweile schon. Aber nach einigem Hin und Her fand ich jemanden, der wirklich Ahnung hatte. Außerdem vereinbarte ich den Termin bei dem HNO-Arzt, den mir der Radiologe genannt hatte. Da er auch sehr weit weg war, fuhr mein Mann mich dorthin. Dort angekommen, musste ich sehr lange warten, bis ich dran kam. Ich schilderte alles und sagte auch, dass einige Personen inklusive Ärzte der Meinung wären, ich hätte ein Psychotrauma oder noch schlimmer, ich würde alles nur vorgeben, um den Unfall auszunutzen. Ich schilderte auch, dass ich mittlerweile selber an mir zweifeln würde.

Unzählige Untersuchungen wurden durchgeführt. Zu meinem Erstaunen tatsächlich ganz andere, als der HNO-Arzt zuhause das getan hatte. Der Arzt beruhigte mich erst mal und sagte mir, dass meine Beschwerden weder eingebildet waren, noch etwas mit dem Burn-out aus 2007 zu tun hätten. Nach all den Untersuchungen kam er zu dem Ergebnis:

Tinnitusbestimmung: Das Ohrgeräusch entspricht somit den Kriterien von Feldmann und ist dem Unfallereignis zuzuordnen.

Späte akustisch evozierte Potentiale: Auffälligkeit im Bereich P 300-Komplexes

Vestibulär evozierte myogene Potentiale: Deutlicher Seitenunterschied rechts/links. Die Befunde sprechen für eine zusätzliche Störung im Bereich des Innenohrs -Saccuus-System.

CCG (corpocraniographie nach Clausen) mit ultraschallsensorgesteuerter Aufzeichnung des Rombergschen Stehversuchs sowie Unterbergschen Tretversuches: Die Lateralschwankungsbreite liegt im oberen Grenzbereich.

Elektronystagmographische, polygraphische Aufzeichung der Augenbewegung und Auswertung nach dem Claussenschen Frequenzschmetterlingskalorigramm sowie des rotatorischen Intensitätsdämpfungtestes: Linksgerichteter Spontannystagmus.

Die kalorische Rechtsreaktion liegt unterhalb der Normbereiche.

Überprüfung der Optokinetik mit Beamerprojektion des Streifenmusters: Deutliche Hemmung der Nystagmusreaktionen bei 20° rechts sowie 40° rechts.

Rotatorischer Intensitätsdämpfungstest: Unterfunktion des Perrotatorius.

Aufzeichung des Cervicalnystagmus: Hochpathologischer Cervicalnystagmus.

Zeichen einer Schädigung des Propriozeptiven Systems und somit einer cervicalen Gleichgewichtsfunktionsstörung.

Diagnose: Posttraumatisches cervico-enzephales Syndrom nach HWS-Beschleunigungsverletzung mit hno-ärztlich/neurootologisch objektivierbaren Störungen im Bereich der gleichgewichtsverarbei-

tenden Strukturen, nachgewiesen durch den pathologischen Cervikal-nystagmus, die myogen evozierten Potentiale, Elektronystagmographie und Audiometrie. Ferner auch Störungen im Bereich der Optokinetik. Zusammengefasst sensorische Integrationsstörung.

Unter Berücksichtigung der durchgeführten interdisziplinären Diagnostik besteht kein Zweifel, dass das von Frau Pudenz vorgebrachte Beschwerdebild auf das Unfallereignis zurückzuführen ist. Die interdisziplinär erhobenen Befunde korrelieren mit dem vorgebrachten Beschwerdebild. Frau Pudenz war bis zu dem Unfallereignis körperlich voll aktiv. Dreimal wöchentlich Sport – Reiterin, Jogging auch mit Hund. Jetzt sind körperliche Aktivitäten wie Radfahren nicht mehr möglich.

Die von uns objektivierten Gesundheitsstörungen haben keine Ursache in psychischen/ phobischen Problemen. Auch das Burn-out Syndrom hat keinen Einfluss auf den jetzigen Gesundheitszustand.

Er erklärte mir, dass ein sehr langer Weg vor mir liegen würde. Dass es wahrscheinlich so kommen würde, dass alle Leistungsträger eine Unfallursächlichkeit abstreiten würden und dass mein Orthopäde mit seiner Aussage, dass das langwierig sein würde, doch extrem vorsichtig gewesen sei. Er sagte mir auch, dass es hier nur um Geld und um nichts anderes geht und dass er selbst von einer Versicherung bereits Geld angeboten bekommen hat, wenn er seine Berichte im Sinne der Versicherung verfassen würde.

Das haute mich um. Ich begann ganz langsam zu begreifen, dass da tatsächlich ein System dahinter steckt. Außerdem nannte er mir einen Namen eines unfallchirurgischen / orthopädischen Gutachters mit eigenem Institut in meiner Nähe, den die Versicherungen sehr gerne nehmen würden – das dürfte ich nicht tun. Eine Internetrecherche später ergab, dass genau dieser Gutachter öffentlich aussagt, dass es keine Beschleunigungsverletzung gibt. Und tatsächlich wurde dieser Gutachter später von der Versicherung vorgeschlagen!

Dieser HNO-Arzt war wirklich einer der Menschen, genau wie mein Orthopäde, die im Sinne ihrer Patienten handelten. Er sagte: „das lassen wir (!) uns nicht gefallen".

Ich schöpfte so große Hoffnung und hätte den Arzt am liebsten mit nach Hause genommen, damit mein Mut mich nicht verlässt. Auch diesem Arzt wird mein Dank ewig nachschleichen und ich bin so froh, dass ich ihn kennen lernen durfte.

Wir wollten jedoch auch ganz sicher gehen, dass die Symptome tatsächlich nicht psychischer Natur waren, ähnelten sich die Symptome mit denen des Burn-outs/ PTBS in einigen Teilen doch etwas und dennoch fühlte sich selbst der Schwindel und die Übelkeit ganz anders an als 2007. Außerdem wollte ich auch dem Geschwätz um mich herum, dass ich den Unfall nur ausnützen wollte, um nicht mehr arbeiten gehen zu müssen, einen Riegel vorschieben und suchte einen Traumaspezialisten auf. Dieser Psychologe war spezialisiert auf die Problematiken, die bei Polizeibeamten vorkommen können. Ich erzählte ihm alles. Er führte mit mir eine ganze Reihe von Tests durch, unterhielt sich sehr eingehend mit mir, stellte gezielte Fragen und kam letztendlich zu dem Ergebnis, dass meine Beschwerden vom Unfall stammen. Im seinem Bericht steht:

Zusammenfassend ergaben sich bei Frau Pudenz in der heutigen Untersuchung nach Exploration, Verhaltensanalyse und -beobachtung sowie Testdaten bei einer erhaltenen im Normbereich liegenden intellektuellen Differenzierung Hinweise auf deutliche Minderung im Bereich der Aufmerksamkeitsfunktionen, der Aufmerksamkeitsaktivierung, bei geteilten Aufmerksamkeitsanforderungen und unter anhaltend konzetrativ-psychophysischer Beanspruchung, mit z. T. erheblichen Verlangsamungen und rascher und vorzeitiger Ermüdung / Erschöpfung bei guter Sorgfalt und damit motivierter Aufgabenbearbeitung ohne Hinweise auf bewusstseinsnahe demonstrative Tendenzen. Die Gedächtnisleistungen lagen durchgehend an der unteren Normgrenze und waren heute noch knapp ausreichend.

> *Aus unserer Sicht können die neuropsychologischen Auffälligkeiten einem cervico-encephalen Syndrom zugeordnet werden, vor allem auch in der aufmerksamkeitsaktivierenden Funktion des Hirnstamms. Eine gewisse Vulnerabilität durch den amnestisch vorbeschriebenen Burnout-Zustand muss mitbedacht und angenommen werden, darüber hinaus gewannen wir nicht den Eindruck einer vorwiegend psychogenen Fehlverarbeitung des Unfallgeschehens.*

Na ja, dass ich ein Burn-out / PTBS hatte, war von Anfang an klar und das habe ich auch niemals irgendjemandem verheimlicht. Dieser Umstand Burn-out / PTBS macht natürlich was mit einem, das steht fest. Und so hatte ich es im Gespräch mit dem Traumaspezialisten auch verstanden.

Ansonsten: Probleme mit Hirnstamm? Das deckte sich mit dem, was mein Orthopäde gesagt hatte. Diese Geschichte mit den inneren Strukturen, die der Logik folgend auch gezerrt wurden. Also sprechen wir hier doch auch von einer Hirnverletzung oder von einer Gehirnerschütterung oder ähnlichem, oder verstehe ich das falsch?

Da ich immer Schwierigkeiten habe, etwas so in Worte zu fassen, dass es jeder versteht, nutze ich gerne Fachliteratur, um zu erklären.

Im Buch „Beschleunigungsverletzung der HWS" findet man auf Seite 99 zu diesem Thema von P. Böhm Folgendes:

1993 deklarierte eine interdisziplinäre Expertengruppe des amerikanischen Kongresses der Rehabilitationsmedizin die Beschleunigungsverletzung des Gehirns ohne Kopfanprall ausdrücklich als Ursache von milden traumatischen Hirnverletzungen. Häufig wird die Möglichkeit nicht zur Kenntnis genommen, dass beim zervikocephalen Beschleunigungstrauma selbst ohne harten Aufprall des Schädels (Kontaktverletzung) durch die ultraschnelle Beschleunigung des Kopfes Verletzungen des Kleinhirns, des Okzipitalhirns (Sehrinde) und insbesondere der Mittelhirnstrukturen und des Hirnstammes auftreten können.

Neuropsychologische Funktionsstörungen sind ein essentielles Merkmal der Whiplash-Associated Disorders. Sie betreffen Konzentrationsstörungen, Aufmerksamkeitsstörungen, Merkfähigkeitsstörungen, Verlangsamung des kognitiven Tempos kombiniert mit einer schnellen Ermüdbarkeit, zudem Störungen der Affektregulation und zu einer subjektiv und objektiv zum Teil sehr eindrücklichen Beeinträchtigung der kognitiven, intellektuellen und sozialkompetenten Fähigkeiten.

Das passte ja alles wie die Faust auf Auge, was mir von den Ärzten erklärt wurde und was ich als Erklärung in diesem Buch fand. Und das war nicht das Einzige, was ich fand.

Bei Recherchen zu meinem eigenen Buch, bin ich unter anderem auch über den Begriff „Aras" (aufsteigendes reticuläres aktivierendes System) gestoßen. Dieses System befindet sich in der Formatio reticularis, die sich im Hirnstamm befindet. Der Hirnstamm befindet sich in direkter Nähe zu den Kopfgelenken und geht über das verlängerte Mark in das Rückenmark über. Es wird beschrieben, dass durch dieses System die „Wachheit" geregelt wird und dass das Aras, genau wie die gesamte Formatio reticularis morphologisch, also von der Struktur her, schwer erfassbar ist.

Weiterhin war zu diesem Thema zu finden, dass der Patient bei einer Schädigung des Aras unaufmerksam wird, schnell ermüdet, an Reizüberflutung leidet und über unangenehme Benommenheit klagt, was oft als Schwindelgefühl ausgedrückt wird.

Das aber alles sei nur mal so nebenbei bemerkt. Übrigens, noch etwas muss ich so nebenbei bemerken:

Ein Schelm wer jetzt Böses denkt. Ich habe mir das Buch „Beschleunigungsverletzung der HWS", in dem ich mich so häufig wiederfinde, erst sehr lange Zeit nach dem Unfall gekauft. Und ich habe das Buch gekauft, um zu verstehen, warum ich all diese Symptome habe, nicht um mir welche „anzulesen", was mir in der späteren Güteverhandlung tatsächlich vorgeworfen wurde!

Das Wort „nicht" in dem letzten Satz vom Bericht des Traumaspezialisten müsste man eigentlich unterstreichen oder extra **fett** schreiben, da dieses kleine Wort, welches so viel Gewicht hat, dass es die Dinge ins Gegenteil kehren kann, später in Gutachten einfach mal so übersehen oder weggelassen wurde. Der Satz würde dann so lauten:

> [...] man habe den Eindruck einer psychogenen Fehlverarbeitung des Unfallgeschehens.

Also, das komplette Gegenteil zu dem, was dort eigentlich steht. Da drängt sich natürlich automatisch die Frage nach dem Warum auf. Wurde das Wort absichtlich weggelassen oder unabsichtlich? Wenn es unabsichtlich passierte, ist das für mich ein wirklich grober handwerklicher Gutachterfehler, denn dieser Fehler führt zu einer völlig falschen Schlussfolgerung. Über ein absichtliches Weglassen will ich – ehrlich gesagt – gar nicht nachdenken.

Von Seiten meines Dienstherren wurde mir Unterstützung in Form der Personalberatung angeboten, die ich natürlich annahm. Der Kollege, der mich zuhause besuchte, riet mir, eine weitere orthopädische Meinung einzuholen, denn es würde ja in absehbarer Zeit zu einer Vorstellung bei einem Arzt kommen, der über meine Dienstfähigkeit urteilen müsste. Und wenn zwei Ärzte der gleichen Meinung seien, dann wäre dies schwieriger kaputt zu machen, als nur eine Meinung. Gesagt, getan. Ich suchte einen anderen Orthopäden zwecks Zweitmeinung auf. Dieser andere Orthopäde nahm sich sehr viel Zeit und untersuchte mich sehr gründlich. Unter anderem musste ich mit geschlossenen Augen auf der Stelle laufen. Dabei hatte ich plötzlich das Gefühl, nach hinten weg zu kippen. Ich erschrak fürchterlich, wollte mich festhalten, wo nichts war und öffnete logischerweise reflexartig die Augen. Der Arzt fragte, was passiert sei, und ich erklärte es ihm. Ich musste das Ganze nochmal wiederholen, was auch nicht gerade optimal verlief.

Nach all seinen Untersuchungen kam er zu dem Ergebnis:

funktionelle cervicale myelopathie bei klinisch und kernspintomographisch gesicherter Atlasdislokation mit Cepahlgien, Konzentrationsstörungen, Wortfindungsstörungen, Kribbelparästhesien der oberen und unteren Extremitäten, beidseitigem Tinnitus, SN-Verspannung und artikulärer Dysfunktion C2-6

Leider schrieb er diese Diagnose nur zusammen mit der Rechnung auf eine Seite. Ich bekam trotz Nachfrage keinen ausführlichen Bericht und diese Diagnose fand damit keinerlei Beachtung, nirgends.

Überprüfung meiner Dienstfähigkeit

Es kam irgendwann der Tag, an dem ich zu einem Arzt musste, der meine Dienstfähigkeit beurteilen sollte. Der erste Termin verlief ziemlich schnell, es sollte ein weiterer Arzt eingeschaltet werden; er wollte die Sache nicht alleine entscheiden.

Bei dem nächsten Termin, den ich mithilfe der Personalberatung wahrnahm, wurde gesagt, ich müsse zu externen Gutachtern, um eine Entscheidung herbeizuführen. Mich irritierte der Termin völlig, hatte ich doch alle Befunde vorab schon geschickt und mich so sehr darum bemüht eine Behandlung zu finden, die auch tatsächlich anschlug. Ich konnte alles nachweisen. Außerdem war mir der Arzt als sehr nett, sehr menschlich und immer um die Patienten bemüht beschrieben worden. Erlebt habe ich ihn an diesem Tag zwar durchweg höflich, aber eher gezwungen höflich und sehr stark distanziert, gar nicht fürsorglich oder so ähnlich. Und ich hatte den Eindruck, dass er mir null Glauben schenkte. Das irritierte mich völlig. Dachte ich doch, ich hätte mich wirklich ausreichend bemüht, eine Therapie für mich zu finden, um endlich wieder „normal" zu werden. Ich verstand die Welt nicht mehr. Ich wollte doch niemandem etwas Böses. Uns war doch jemand hinten auf's Auto gefahren und zwar ungebremst. Seit dem Tag ging es mir einfach bescheiden, nichts funktionierte reibungslos, bei allem und jedem musste ich Abstriche machen. Ich wendete alle meine noch vorhandene Energie auf, um ein halbwegs normales Leben zu führen und meine Mädels gescheit zu versorgen. Ich hatte meinen Sport verloren, mein Pferd und viele Freunde. Wenn ich etwas unternehmen wollte, musste ich sehr gut und mit ausreichend Pausen planen. An längeren Feierlichkeiten oder Partys nahm ich gar nicht mehr teil oder ging möglichst früh.

Ich hatte doch den Unfall nicht verursacht, aber ich hatte den Eindruck dass mir die Schuld zugeschoben wurde. Ich hatte einfach das Gefühl so behandelt zu werden, als könnte ich für meine ganzen Symptome etwas und ich wäre selbst an allem Schuld. Alles, was ich wollte, war doch bloß mein normales Leben zurück. Ich war von dem Termin enttäuscht und aufgewühlt, hatte ich immerhin geglaubt, dass es zu einer Entscheidung kommen würde.

Mir blieb nichts anderes übrig, als mein Einverständnis zu diesen externen Gutachtern zu geben. Mir wurden während des Termins vom Arzt drei Gutachter vorgeschlagen und ich musste mich vor Ort und sofort für einen entscheiden, ohne zu wissen, ob das ein neutraler Gutachter ist oder nicht. Vom Unfallverband, meinem Orthopäden und vom HNO-Arzt wusste ich ja mittlerweile, dass das Gutachtersystem heikel bis schlecht ist und kaum ein Gutachter neutral beurteilt.

Ich entschied mich aus dem Bauch heraus für eine große Universität in der Mitte Deutschlands. Alles wurde organisiert und ich musste alle Vorbefunde, CDs mit Röntgenbilder usw. zum Termin mitbringen, was ich auch tat. Da die Universität auch sehr weit weg von uns war, fuhren mein Mann und ich zeitig los, um keinesfalls aufgrund der Verkehrslage zu spät zu kommen.

Im unfallchirurgischen Gutachten steht dazu:

erschien deutlich vor dem Termin

Ich erschien natürlich vor dem Termin, aber der Gutachter ließ uns warten und warten und warten. Ich glaube, wir mussten knapp drei Stunden warten, trotz Termins. Als ich endlich dran war, stellten wir fest, dass wir in einem Nebenraum der Intensivstation gelandet waren, die von dem Gutachter mal eben nebenbei betreut wurde.

Er war ständig am Telefonieren. In einem Telefonat unterhielt er sich offensichtlich mit einer Krankenschwester über die Einstellung der Beatmung eines Patienten und dass jetzt dann wohl der

Moment gekommen sei, die Angehörigen zu informieren, dass sie zum Krankenhaus kommen sollten, um sich zu verabschieden – und das alles in unserem Beisein. Sein privates Handy klingelte ebenfalls, wobei er das Gespräch aber direkt abwürgte. Nichts desto trotz war er einmal mehr abgelenkt. Im weiteren Verlauf der Begutachtung erzählte er uns noch, dass er seit über 24 Stunden im Dienst sei und vor uns bereits zwei weitere Begutachtungen durchgeführt hätte. Insgesamt war der Gutachter also sehr stark belastet. Er war ja ansonsten sehr nett und er tat mir auch leid, aber leider war er offensichtlich nicht in der Lage, der Begutachtung seine volle Aufmerksamkeit zu widmen. Außerdem merkte man, neben seiner deutlich hohen Belastung, dass er auch in dem Fahrwasser schwamm, dass alle Beschwerden, die ich vorgetragen hatte, so nicht sein könnten. Er erzählte etwas von Autoscootern und dass da auch keine HWS-Verletzungen zustande kämen. Vorbefunde und Bilder vom Unfall, die die hohe Aufprallenergie deutlich, sogar für Laien, sichtbar belegten, interessierten ihn recht wenig. Genauso wie die mitgebrachten CDs der MRT-Bilder. Später musste ich die CD erneut mit der Post dorthin schicken, weil sie angeblich am Termin nicht vorgelegen hätte. Dieses unfallchirurgische Gutachten war von hinten bis vorne fehlerhaft – ein absoluter Schock, als ich es zu lesen bekam.

Ein gravierender Fehler gleich zu Beginn des Gutachtens war:

Geschätzte Geschwindigkeit waren 50 km/h.

Als ich das gelesen habe, dachte ich, er muss das mit einer der Begutachtungen vor mir bestimmt verwechselt haben. Ich habe jedem Arzt, sei es Gutachter oder Behandler, immer gesagt, dass die Geschwindigkeit vor Ort bei 70 km/h lag, es aber durchaus im Rahmen des Möglichen ist, dass die Verursacherin auch schneller gewesen sein könnte, also so 70-80 oder ggf. 90 km/h.

Warum um alles in der Welt, sollte ich dann genau diesem Gutachter, bei dem es um weitreichende Entscheidungen geht, sagen, die Unfallverursacherin sei 50 km/h gefahren? Da wäre ich ja schön blöd; ich würde mich damit ja automatisch viel schlechter stellen, denn bereits zehn km/h mehr Aufprallgeschwindigkeit können bereits andere Verletzungsfolgen nach sich ziehen. Das wird in verschiedenen technischen Studien beschrieben. In einer Studie wird beispielsweise festgestellt, dass die Überlebenschance bei einem Aufprall von 80 km/h gegenüber einem von 70 km/h deutlich sinkt! Und dass schon 10 km/h mehr fatale Folgen für den Körper bei einem Unfall haben können. Da werde ich mir ja nicht spontan mal so eben 20-40 km/h abziehen, die wichtig sein könnten, um das Verletzungsmuster zu erklären. Da drängt sich mir zwangsläufig folgende Frage auf: Wurde die Geschwindigkeit absichtlich oder fahrlässig reduziert?

Im Gutachten ging es ja bereits los mit einer nicht korrekten Schilderung des Unfallherganges, ebenso falsch war die Angabe, dass ich gelegentlich Alkohol trinken würde, was bei mir ungefähr so oft vorkommt, wie wenn Weihnachten und Ostern auf einen Tag fallen. Kleiner Spaß am Rande: ich kann jetzt auch ohne Alkohol durch's Leben torkeln und tanzen.

Mit der eklatanteste grobe Fehler war aber, neben der selbstständigen Reduzierung der Geschwindigkeit, das Überlesen oder Weglassen des Wörtchens „nicht" aus dem Bericht des Traumaspezialisten. Der Gutachter schrieb:

Hier wurden neben einer Einschränkung der Aufmerksamkeitsfunktionen eine gewisse Vulnerabilität durch den bekannten Burn-out- Zustand gesehen und eine vorwiegend psychogene Fehlverarbeitung des Unfallgeschehens ohne konkreten fassbaren Hinweis auf klinisch relevante Depressivität oder posttraumatische Belastungsstörung gesehen.

Er schrieb somit das komplette Gegenteil zu dem, was der Traumaspezialist geschrieben hatte.

Jetzt kann man sich die Frage stellen, warum das Wort „nicht" aus dem Befund des Traumaspezialisten keine Beachtung fand; Fahrlässigkeit oder Absicht? Ich überlasse die Beantwortung jedem Leser selber.

Die Unfallchirurgen der Uni erkannten aber tatsächlich auf den Röntgenbildern wohl auch, dass der Dens meines zweiten Halswirbels nicht mittelständig ist. Dass sie es erkannten, war ja grundsätzlich gut für mich und dass sie zumindest dies ebenso bestätigten. Aber hierzu schrieben sie:

Ob dieser Versatz des Dens und die damit einhergehende C1/C2 Gelenkblockierung schon vor dem Unfall bestand oder unfallbedingt ist, lässt sich nicht mit letzter Konsequenz klären, ist aber höchst unwahrscheinlich, da in der 1 MRT-Untersuchung kein Hinweis auf eine Bandschädigung vorlag.

Aus diesem Grund schrieb ich zuvor zu dem Bericht des ersten Radiologen mit dem statischen MRT, welcher von *„keine[n] Instabilitätszeichen"* schrieb, dass dies unglücklich ausgedrückt wäre. Nun bezog man sich also auf genau diese Aussage und auf einmal ist da *„kein Hinweis auf Bandschädigung"* und somit ist es für den Gutachter höchstunwahrscheinlich, dass der Versatz des Dens unfallbedingt ist, da im statischen MRT keine Hinweis auf eine Bandschädigung vorlag. Warum, wieso und weshalb man die Bänder in einem statischen MRT nicht richtig beurteilen kann, wurde ja bereits erklärt. Sprich: Mir wurde also ein Vorschaden zugeschoben. Ich hätte es ahnen können. Aber selbst dieses unfallchirurgische Gutachten hatte, neben all den schlechten Seiten und massiven Fehlern, auch seine positiven Punkte, was man auch sagen muss. Der Gutachter schrieb:

Es besteht weder ein leidensbetontes Verhalten noch eine Aggravationstendenz

Aggravation bedeutet etwas schlimmer darzustellen, als es wirklich ist.

Frau Pudenz erlitt bei dem Unfall eine Beschleunigung der HWS mit darauffolgenden Beschwerden, wie oben beschrieben. Bei Frau Pudenz konnte außer der initialen Signalanreicherung im 6 Halswirbelkörper und dem nach links versetzten Dens keine direkte Unfallschädigung der Halswirbelsäule nachgewiesen werden.

Es wurde also eindeutig ausgesagt, ich hätte eine Beschleunigungsverletzung der HWS mit darauffolgenden Beschwerden, wie oben beschrieben, erlitten.

Das war für mich wirklich das aller-, allerwichtigste, denn es handelte sich hier meiner Meinung nach, um die Primärverletzung. Das war ein positiver Punkt in diesem Gutachten. Die Primärverletzung ist ein juristischer Begriff den man vorfindet, wenn man sich mit dem § 286 der Zivil Prozess Ordnung befasst. Wir kommen später dazu.

Es gibt tatsächlich Ärzte, die, wie sollte man es anders erwarten, ausschließlich gutachterlich tätig sind und die negieren, dass es so etwas wie eine Beschleunigungsverletzung gibt. So schreibt ein Gutachter, der mir später von der gegnerischen Versicherung als Gutachter vorgeschlagen und vor dem mich bereits mein HNO-Arzt gewarnt hatte, auf seiner Internetseite, dass es zwar zu einer Muskelzerrung kommen könnte, aber andere Verletzungen nicht vorstellbar wären.

Das verwundert etwas, denn ganze Industriezweige, wie zum Beispiel die Autohersteller, beschäftigen sich mit der Problematik der Beschleunigungsverletzung. Außerdem beschäftigte sich die sogenannte Quebec Task Force mit eben genau diesem Thema der Beschleunigungsverletzung und deren Dauerfolgen und erstellte eine Tabelle mit Schweregradeinteilungen. Wären die Ärzte dort zu dem Ergebnis gekommen, es gäbe gar keine BV, wäre sicherlich auch keine Tabelle entstanden. Diese Tabelle ist jetzt auch nicht gerade umwerfend, aber immerhin erkannte man, dass es eine Beschleunigungsverletzung gibt.

Wie jede andere Verletzung, kann natürlich auch eine BV chronisch werden. Auch dazu gibt es verschiedene Aussagen. Je nach Studie wird davon gesprochen, dass 10-20 % aller BV chronisch werden. Das ist auf die Gesamtheit aller stattgefundenen Unfälle eine erhebliche Menge, zumal diese eben nicht nur im Straßenverkehr auftritt. Natürlich werden somit auch wahnsinnige Kosten in allen Bereichen verursacht.

Von der Begutachtung beim Unfallchirurgen aus, wurde ich direkt zum Röntgen in die Universitätsklinik geschickt, wo nochmals Röntgenaufnahmen gemacht wurden. Über den Sinn, dass nochmals Bilder und zwar statische gemacht wurden, obwohl schon welche vorlagen, kann man sich ja streiten. Aber sie bringen Geld, nicht viel aber wie sagt man so schön: Kleinvieh macht auch Mist.

Im Buch „Beschleunigungsverletzung der HWS" wird es auf Seite 411 von R. Verhasselt sehr treffend formuliert:

Ein wichtiger Punkt ist noch bei von einem Sachverständigen veranlassten Untersuchungen zu beachten, bei denen es zu einer Strahlenbelastung des Patienten kommt. Hier muss der Sachverständige zunächst prüfen, ob z.B. eine neuerlicheUntersuchung überhaupt erforderlich ist, sei es, weil bereits aussagefähige Aufnahmen vorliegen, sei es weil von vornherein kein nennenswerter Erkenntnisgewinn durch die erneute Untersuchung zu erwarten ist.

Wenn man sich aber bei einem Gutachtentermin verweigert, kann es schnell heißen, dass der Patient ist nicht kooperativ sei oder der Patient die Mitarbeit boykottiere und verweigere. Also habe ich die neuerliche Röntgenuntersuchung in Kauf genommen. Außerdem wurde ein fachpsychologisches, ein HNO- und ein neurologisches Gutachten im gleichen Haus veranlasst. Vielleicht täusche ich mich, aber ich frage mich heute, ob das so korrekt war oder ob man mir nicht für diese weiteren Gutachten auch jeweils verschiedene Gutachter hätte vorschlagen müssen und zwar von dem Arzt, der abschließend das Urteil über meine Dienstfähigkeit stellen soll und dieses Gutachten in Auftrag gegeben hat und nicht von dem unfallchirurgischen Gutachter der Universität. Aber vielleicht hat diese Absprache, ob das gewünscht wird, ja tatsächlich ohne mein Wissen stattgefunden. Wer weiß? Nichtsdestotrotz hatte ich keine Wahlmöglichkeit bei den nachfolgenden Gutachtern.

Man kann es kaum glauben, aber wir mussten tatsächlich fast ein ganzes Jahr auf die Fertigstellung des unfallchirurgischen Gutachtens warten! Nachdem ich das Gutachten bekommen hatte und vom Glauben abgefallen war, bat ich schriftlich um Berichtigung desselben. Ich listete viele von den Fehlern auf, aber was kam, war ein weiteres Schriftstück, indem die Fehler leider nicht komplett korrigiert waren, sondern nur die eigentlich „unwichtigeren". Solche Fehler, wie die eigenständige Reduzierung der Geschwindigkeit, wurden nicht behoben, auch gar nicht angesprochen. Und es wurde erneut ausgesagt, dass der Versatz des Dens unfallunabhängig sei.

Ich bin meinem Orthopäden vom Unfallverband bis heute so dankbar, dass er in dieser Zeit immer zu mir gestanden und mich unterstützt hat. Der Arzt, der über meine Dienstfähigkeit urteilen sollte, konnte ohne diese Gutachten ein Jahr lang keine Entscheidung über meine Dienstfähigkeit treffen.

Leider kam es, wie es kommen musste und mein Orthopäde wollte sich beruflich verändern und ging weg. Seinem Nachfolger, den ich einmal aufsuchte, las vor dem Termin auch den Bericht des Traumaspezialisten. Er las den Satz: „gewannen wir den Eindruck einer psychogenen Fehlverarbeitung". Dies sagte er mir so, als ich ihn fragte, ob er mich denn behandeln würde und er dies verneinte. Als ich ihm daraufhin widersprach und er den Passus erneut und richtig gelesen hatte, wendete sich das Blatt zwar und er war bereit mich auch zu behandeln, aber er war eben nicht „mein" Arzt und ich fühlte mich von Anfang an nicht wohl. Ich kam mir eher vor wie ein Bittsteller.

Nach diesem Versuch einen neuen Behandler zu finden, begab ich mich unter anderem auch in eine große, sehr bekannte Wirbelsäulenklinik. Bevor man überhaupt dem Arzt „Guten Tag" sagen darf, wird man sofort von der Anmeldung aus zum Röntgen geschickt. Ich gab den vorsichtigen, zaghaften Hinweis, dass ich bereits Bilder hätte und wenn dann wahrscheinlich Funktionsaufnahmen gemacht werden müssten. Da bekam ich nur die Antwort, dass die normalen Röntgenaufnahmen immer erst einmal so gemacht werden.

Es wurden Aufnahmen vom kompletten Rücken gemacht, weil ich auch hier angab, dass ich Rückenschmerzen oben, in der Mitte und unten hätte.

Immerhin durfte ich dem Arzt dann „Guten Tag" sagen. Er wirkte sehr arrogant, so ein richtiger Halbgott in Weiß, aber er ordnete nach meiner Schilderung dennoch Funktions-Röntgenaufnahmen an. Und das, obwohl ich wieder einmal alle

Röntgen- und MRT-Bilder dabei hatte. Also durfte ich nochmal zum Röntgen. Beim Röntgen bekam ich nur mit, dass eine Dame zur anderen sagte: „Weißt du noch wie das geht? Ich hab das schon ewig nicht gemacht."

Als sie mich positionierten, beschwerte sie sich, dass meine Muskeln so zittern würden. Ob da gute Aufnahmen gemacht werden könnten, könnte sie nicht sagen. Lange Rede, kurzer Sinn: Der Arzt begutachtete die Aufnahmen und sagte wortwörtlich zu mir: „sie haben nichts! Es ist alles in Ordnung." Und außerdem sollte ich doch froh sein, dass ich nichts hätte. Es wäre ja so einfach für ihn, mir eine Schraube ins Genick zu drehen, aber so wäre es ja besser. Eine Instabilität könnte er nicht feststellen und auch seine Kollegen nicht. Und auch auf den mitgebrachten MRT-Bildern sei ebenfalls nichts zu erkennen, dass haben zwei weitere Kollegen auch bestätigt.

Ein Hinweis von mir auf die Heftigkeit des Unfalls bewegte ihn zumindest dazu zu sagen, ich sollte mal Manualtherapie machen. Er bezog sich auch nur auf die Schmerzen oben in der HWS. Mitte und unten fielen wieder komplett hinten runter und wurden mit keiner Silbe erwähnt. Nach seiner Aussage, dass ich doch nichts hätte, hatte ich aber auch überhaupt keine Lust mehr, danach nochmals zu fragen. Ich wollte dort nur weg. Ich kam mir vor, wie der sprichwörtliche Trottel. Diese Arroganz mit der der Arzt mit mir sprach, machte mich mit jedem Wort, was aus seinem Mund kam, wütender. Es gab also niemanden, der mich mit meinen Beschwerden ernst nahm. Es war keiner da, der mir helfen wollte. Mir war es doch so etwas von egal, wie diese Beschwerden benannt wurden, ich wollte nur mein altes Leben wieder, aber diese Rechnung hatte ich dann wohl ohne den Wirt gemacht.

Dieses ständige Nicht-ernst-genommen-werden führte dazu, dass ich bis heute kaum noch zum Arzt gehe. Eigentlich nur, wenn ich den Kopf schon unterm Arm hintragen muss und es sich überhaupt gar nicht mehr vermeiden lässt. Ich möchte mich niemanden aufdrängen und ich möchte nicht, wenn man zum zehnten Mal in der Praxis erscheint, dass der Arzt denkt: „Die schon wieder, die hat doch eh nichts". Oder wenn man ständig zu vielen verschiedenen Ärzten geht, dann kann es auch leicht passieren, dass gesagt wird, man will ja nur die Aufmerksamkeit. Dann ist man ruckzuck wieder in der Psychoschiene.

Eine Ausnahme habe ich gemacht. Ich besuchte einen privaten Arzt, der mir allerdings vom Unfallverband empfohlen wurde. Ein wirklich sehr netter Arzt und ich habe alles, was er sagte, ausprobiert. Ich habe die Mineralstoffe usw. gekauft und genommen, aber letztendlich war der Arzt viel zu weit weg von mir und die ganzen Stoffe waren mir alle zu teuer.

Verzweifelter Kampf um ein normales Leben

In diesem einem Jahr, in dem wir auf das unfallchirurgische Gutachten warten mussten, versuchte ich verzweifelt mein Leben wieder auf die Reihe zu bekommen. Dadurch dass ich alles irgendwie nur noch zur Hälfte machen konnte und mir viele Dinge einfach so schwer fielen, dass ich sie gar nicht mehr machte, wie zum Beispiel Sport und Reiten, ergab es sich einfach, dass ich viele Kontakte verlor. Am Anfang fragen Freunde und Bekannte noch, ob man was mit ihnen unternehmen will, wenn sie aber drei oder viermal gefragt haben und man immer „nein" sagt, „ich kann nicht oder das ist mir zu spät", dann hören die Nachfragen auch irgendwann auf. Das geht ganz automatisch.

Ich probierte sämtliche Schmerzmedikamente aus, die alle irgendwie nur halb oder gar nicht wirkten. Ich hatte schon KG ausprobiert, genauso wie KG am Gerät, Psychotherapie, Akkupunktur, Ergotherapie, Manualtherapie usw. Was mich etwas weiter brachte, waren die Ergo- und die Manualtherapie. Diese hielt mich zumindest einigermaßen „geradeaus", aber alles brachte nicht wirklich den durchschlagenden Erfolg, auf den ich wartete.

Ich hatte schon mein Pferd weggegeben, ich wollte nicht auch noch unseren Hund verlieren. Er ist mein Seelenhund, er liebt mich, egal wie verwirrt ich bin oder wie schlecht es mir geht. Aber auch ihm ging es immer schlechter. Er bekam viel zu wenig Bewegung, da ich unsere normalen Standardrunden erheblich kürzen musste. Er fing irgendwann an, sich die Pfoten aufzulecken. Ich wusste, ich musste etwas tun, um ihm und mir wieder ein schönes Leben zu ermöglichen. Er zwang mich dazu.

Ich stieß auf einen Hundeverein ganz in der Nähe, was für mich extrem wichtig war, denn lange Autofahrten strengen mich extrem an und machen mich müde. Ich wäre dann nicht mehr in der Lage gewesen, dort auch noch Training zu machen. Ich fuhr also dorthin und unterhielt mich mit dem Trainer. Ich schilderte ihm meine Situation und fragte ihn, wie ich meinen Hund auslasten kann, ohne mich selbst viel zu bewegen. Zum Glück war ich in einer Rettungshundestaffel Sport (keine Realeinsätze) gelandet. Die Truppe war super, jeder nahm viel Rücksicht auf mich und mein Hund wurde durch Suchen ausgelastet. Wir hatten es zuerst mit Mantrailing probiert. Mantrailing bedeutet, dass der Hund einen Geruchsstoff von einer Person vorgehalten bekommt und diese bestimmte Person dann an der Schleppleine sucht. Mein Hund eignete sich super dafür, ich nicht. Ich konnte, so schnell wie der Hund suchte, nicht dem Hund folgen. Das schaffte ich einfach nicht, mir wurde postwendend schlecht und schwindlig. Obwohl es für mich die interessantere Art des Suchens ist und ich das eigentlich von der Zielsetzung her lieber gemacht hätte, musste ich auch hier, wie in allen anderen Lagen meines Lebens, wieder mal eine frustrierende Einschränkung hinnehmen. Wir entschieden uns also dafür, es mit der Flächensuche zu probieren. Das bedeutet, dass ein „Opfer" auf einer Fläche ausgelegt und der Hund von der Leine gelassen wird. Er sucht alleine jeglichen menschlichen Geruch, also nicht nur eine bestimmte Person und das ohne sein Herrchen oder Frauchen und zeigt dann durch Bellen den Fund an. Ich hatte also die Möglichkeit langsam hinterher zu gehen, in meiner Geschwindigkeit, die ich leisten konnte. Meine Opfer wurden immer in der Nähe ausgelegt, damit ich nicht so weit laufen musste, um dorthin zu kommen. Ich war so froh, wieder irgendwie am Leben teilnehmen zu können, aber auch hier konnte ich nur die Hälfte von dem leisten, was andere taten. An Prüfungen oder Ähnliches war einfach nicht zu denken. Diese Trainingstage erschöpften mich körperlich außerdem immer so sehr, dass ich an den nächsten Tagen regelmäßig gar nicht mehr zu gebrauchen war. Aber unter Menschen zu sein, tat meiner Seele gut. Deshalb blieb ich dabei, biss auf die Zähne und zog das durch. Ich wollte nicht nur zuhause hocken, da würde ich ja tatsächlich eines Tages depressiv werden. Ich arbeitete jeden Tag so hart daran, wieder ein ganz normales Leben zu führen.

Meinem Hund ging es besser dadurch, aber man merkte ihm trotzdem an, dass er irgendwie unglücklich war. Er liebt andere Hunde und war ganz anders, wenn er Kontakt zu anderen Hunden hatte; er war viel ausgeglichener. Ich entschied mich nach sehr, sehr langer Überlegung dazu, einen zweiten Hund dazu zu nehmen. Das ist das einzige, was an diesem Unfall positiv war. Ich bekam einen zweiten Hund. Zum Glück kam alles so wie geplant, die beiden liebten sich heiß und innig und spielten auf dem Grundstück und lasteten sich gegenseitig aus. Mein einziger Gewinn, den ich je aus diesem Unfall gezogen habe.

In der Zwischenzeit musste ich wieder in der Universität erscheinen, zu den anderen in Auftrag gegeben Gutachten. Das fachpsychologische Gutachten war im Großen und Ganzen gut, enthielt im Endeffekt aber auch ein paar Fehler.

Ein Fehler dort war:

> *Im Nachhinein sei ihr aufgefallen, dass sie eine Erinnerungslücke von mindestens fünf Minuten habe, bevor sie aus dem Auto stieg.*

Ich habe auch hier deutlich gesagt, dass ich nicht sicher sagen kann, wie lange diese Erinnerungslücke wirklich ist, ob Sekunden oder fünf Minuten. Aber die Gutachter dort schlossen sich der Meinung des Traumaspezialisten an und gingen sogar insgesamt noch einen Schritt weiter als dieser:

Die Schilderung der Schmerzen erfolgt ohne Aggravationstendenz, eher distanziert ohne Emotions- oder Leidensausdruck außer resigniertem Mundwinkelzucken. Bei den geschilderten Beschwerden handelt es sich überwiegend um somatische Symptome. Die depressive Episode 2007 hat, wenn überhaupt, nur ganz gering zu aktueller Symptomatik beigetragen. Frau Pudenz zeigt keinerlei Anhalt auf eine psychosomatische Ursächlichkeit der aktuellen Symptomatik.

[...]
2. *Welche davon* (Beschwerden) *sind zumindest in wesentlicher Teilursächlichkeit dem PKW Unfall anzulasten? Bezüglich des Unfallereignisses gehen wir von wesentlicher Teilursächlichkeit zur Verursachung dieser Störung aus.*
3. *Welche davon sind im Gegensatz dazu als dienstunfallfremd aufzufassen?*

   Keine

Auch die HNO-Gutachterin kam zu dem Ergebnis, dass die Beschwerden wie Schwindel, Tinnitus und Gleichgewichtsprobleme auf den Unfall zurückzuführen seien.

Somit kann HNO-fachärztlich festgestellt werden, dass eine Störung der peripheren Funktion des gleichgewichtsregulierenden otogenen Organs vorliegt. Grundsätzlich ist der Unfallmechanismus geeignet, eine erhebliche Irritation in Form eine Commotio labyrinthi des Ohres hervorgerufen zu haben. Dieses kann zu einer Störung der Sinneszellen im Labyrinthorgan führen.

Die Höhle des Löwen

Dann sollte das neurologische Gutachten stattfinden. Heute weiß ich, dass ich mich in die Höhle des Löwen begab und dass dieser Gutachter beim Unfallverband bereits so gut bekannt ist, dass man dort schon vor Fertigstellung des Gutachtens daraus zitieren konnte! Ich weiß nicht, wie solche Menschen morgens früh noch in den Spiegel schauen und mit sich im Reinen sein können. Das wird mir immer ein Rätsel bleiben.

Es kam wie es kommen musste. Der Termin fand statt und gleich als aller erstes wurde ich darauf hingewiesen, dass die Gespräche auf Band aufgezeichnet werden sollen. Ich dachte: „Hey, dass ist super, dann wird man ja auch immer feststellen können, dass ich die Wahrheit gesagt habe". Und somit war ich sofort Einverstanden damit.

Ich ging davon aus, dass zumindest eine komplette Abschrift des Bandes gemacht werden würde. Heute würde ich ebenfalls ein Band mitlaufen lassen, was in Zeiten von Smartphones ja nicht weiter schwierig ist. Dass es sich hier offensichtlich um eine Einschüchterungsmethode handelt, habe ich zum damaligen Zeitpunkt nicht verstanden. Wenn in einem schriftlichen Gutachten gleich zu Beginn drin steht, dass die Untersuchung auf Band aufgezeichnet wurde und dort steht, dass ich auf Band am Schluss die Richtigkeit bestätige, hat das für den Auftraggeber natürlich einen höheren Stellenwert.

Um einen wirklich echten Beweis zu haben, müsste das Band und eine Abschrift davon zusammen mit dem schriftlichen Gutachten an den Auftraggeber geschickt werden. Dass aber teilweise Sachen im Gutachten standen, die ich so nicht gesagt hatte, hätte man nur beweisen können, wenn das Band auch vorgelegen hätte!

Anscheinend wohl wissend, dass diese Bandaufzeichnungen nicht eingeholt oder mitgeschickt und nach einer gewissen Zeit vernichtet werden, schreibt man gleich zu Beginn, dass der Patient ja auf Band die Richtigkeit bestätigt hat und schreibt dann diverse Unwahrheiten ins Gutachten. Das muss man sich auf der Zunge zergehen lassen:

Frau Pudenz trug wie auch bei früheren Gelegenheiten vor, dass der Unfall sogleich zu schwerwiegenden Gesundheitsbeeinträchtigungen geführt habe. An den durch die Kollision hervorgerufenen Knall könne sie sich noch erinnern. Danach sei es zu einer Bewusstseinsstörung mit einer Erinnerungslücke von mehr als 5 Minuten gekommen (Angaben während der Untersuchung in der Psychiatrischen Klinik).

Der Gutachter hat also diese Passage aus dem psychiatrischen Gutachten übernommen, ohne zu schreiben, dass ich bei seiner eigenen Untersuchung gesagt habe, dass ich nicht genau weiß, wie lange die Erinnerungslücke ist. So ziehen sich die Fehler von einem Gutachten zum anderen. Weiterhin schreibt er:

> *Sie sei danach – so schildert sie dies mehrfach – wie „gesteuert" gewesen, habe sich erst sortieren müssen. Ihre Hände hätten sich sogleich komisch angefühlt. Ihr sei übel gewesen und sie habe Brechreiz verspürt, ebenso ein allgemeines Kältegefühl und ein Schwindelgefühl. Sogleich hätten auch heftige Schmerzen an der Wirbelsäule bestanden. Zwar sei sie selbstständig ausgestiegen. Ihr sei es aber kaum möglich gewesen, die Personalien eines Unfallzeugens zu notieren, worum sie ihr Kollege bald danach gebeten habe. Sie habe auch sehr bald ein beidseitiges Ohrgeräusch wahrgenommen. Alle diese Beschwerden hätten in der Folgezeit angehalten und seien – letztlich wenn auch in etwas geringer Stärke – noch heute vorhanden. Indessen sind dies alles Sachdarstellungen von Frau Pudenz, die erst geraume Zeit nach dem Unfall entstanden.*

Der Satz deutet ja bereits an, dass der Gutachter der Meinung ist, ich hätte mir die Beschwerden ausdenken oder anlesen können.

Die Diagnose des erstbehandelnden Arztes zählt hier offensichtlich gar nicht.

Alle objektiven Sachverhalte am Unfallort wie auch an den ersten Tagen danach einschließlich der ärztlichen Unterlagen dokumentierten Beschwerden und Befunde sprechen gegen eine eingreifende Verletzung. Einen Kopfanprall, der die vorgetragene Erinnerungslücke erklären könnte, ist damals von niemandem festgestellt (etwa Prellmarke am Kopf) oder auch nur behauptet worden. Eine Erinnerungslücke wurde damals nicht dokumentiert.

Ein Kopfanprall im Auto ist auch nicht unbedingt nötig, wie wir ja bereits gelesen haben. Ich habe auch gegenüber diesem Gutachter gesagt, dass mir zunächst die Schulter wehtat und dann die Nacken- und Rückenschmerzen kamen. Er schreibt es so, als habe ich diese von Anfang an gehabt. Die Geschichte mit der Erinnerungslücke und dass sie mir erst Wochen/Monate später durch eine ärztliche detaillierte Befragung bewusst wurde, ist ja auch schon ausreichend beschrieben worden. Ich sage dazu nur das Stichwort: Kaspertheater. Weiter schrieb er:

Gegen die Annahme einer – sogar mehr als 5-minütigen – Erinnerungslücke spricht der Umstand, dass nach Mitteilung von Frau Pudenz ihre erste Erinnerung nach der Kollision die Äußerung ihres im

Unfallfahrzeug befindlichen Kollegen war, er vermisse seine Brille. Dies kann nach Lage der Dinge zur wenige Sekunden nach der Kollision gewesen sein.

Dem aufmerksamen Leser wird jetzt bestimmt auffallen, dass wir nun schon bei „mehr" als fünf Minuten sind und dass ich zu Anfang des Buches beschrieben habe dass die Erinnerungslücke auftrat, <u>nachdem</u> der Kollege sagte, seine Brille sei weg.

Aber nochmal in einer Kurzfassung zur Erinnerung: Auto fährt auf, Kollege sagt Brille ist weg und als nächstes bemerke ich, dass wir einen Unfall hatten und ich aussteigen muss. Kollege ist zu dem Zeitpunkt schon draußen, mit Brille und spricht mit Verursacherin.

Weiterhin schreibt der Gutachter:

In dem Bericht des Krankenhauses, indem Frau Pudenz etwa 2 Stunden nach dem Unfall betreut wurde, sind keine Hinweise auf eine Verletzung enthalten, die über eine Zerrung und Stauchung der Wirbelsäule hinausgehen. Wären zu diesem Zeitpunkt neurologische Ausfälle wie Sensibilitätsstörungen in den Armen oder gar in den Füßen angegeben worden, wäre es als ganz ungewöhnlicher grober ärztlicher Fehler zu bewerten, dass Frau Pudenz nicht stationär aufgenommen wurde, sondern mitschmerzlindernden Medikamenten nach Hause entlassen wurde. Der in dem Berichtdes Krankenhauses genannte Befund der

Halswirbelsäule (Steilstellung) ist ein normaler Befund, denn solche Röntgenaufnahmen der Halswirbelsäule müssen in dieser Haltung angefertigt werden, um Überlagerungseffekte zu vermindern.

Ich lasse das mit dem groben ärztlichen Fehler, der Steilstellung der HWS als Normalbefund und dass die Röntgenbilder so angefertigt werden müssen, mal so stehen, ohne großartige Worte darüber zu verlieren. Und natürlich habe ich im Krankenhaus gesagt, dass meine Hände kribbeln. Und dass meine Füße kribbeln, habe ich erst zuhause bemerkt, als ich zur Ruhe kam. Der Gutachter versucht aber auch auf den nächsten Seiten, mich zu diskreditieren:

Wegen anhaltender Beschwerden veranlasste Frau Dr. W. eine MRT-Untersuchung der Halswirbelsäule. Hierbei wurde als fraglicher krankhafter Befund eine „leichte Signalanhebung" im vorderen Abschnitt des 6. Halswirbels beschrieben.

Ehrlich jetzt? Fraglich krankhafter Befund? Wir erinnern uns an dieser Stelle an das fehlerhafte unfallchirurgische Gutachten. In dem wurde die Signalanreicherung wohl doch auch erkannt und dem Unfall zugeordnet.

Aber lesen wir weiter:

> *Es erfolgte eine neuropsyhologische Untersuchung in einem Institut der Universität K. Es wurden Leistungsminderung bei einer Reihe von neuropsychologischen Test beschrieben und diese wurden einem „cervicoencephalem Syndrom" zugeordnet, insbesondere einer Funktionsstörung des Hirnstamms. Gleichzeitig wurde darauf hingewiesen, dass der Eindruck einer vorwiegend psychogenen Fehlverarbeitung des Unfallgeschehens gewonnen worden sei.*

Der Kreis schließt sich nun an der Stelle, wo wir wieder bei dem Wörtchen „nicht" angekommen sind, welches gänzlich fehlt und angeblich eine psychogene Fehlverarbeitung vorliegt. Offensichtlich hat der Gutachter den Befund des Traumaspezialisten selbst gar nicht gelesen.

Dass ich das alles so nicht gesagt habe, hätte man auf dem Band abhören können, wenn es uns vorgelegen hätte, was wir aber nicht haben. Und so wurde das ganze Gutachten völlig verdreht. Aber kommen wir zu den allgemeinen medizinischen Erläuterungen des neurologischen Gutachters:

> *Angesichts der bisher recht widersprüchlichen Bewertungen der Folgen des Unfalls erscheinen in dieser Sache ausführlichere medizinische Erläuterungen notwendig.*

Wenn ich jetzt alles nochmals Revue passieren lasse, dann verstehe ich nicht, wie er behaupten kann, dass es widersprüchliche Bewertungen gibt. Er alleine macht alles wirr. Alle Ärzte, sogar der unfallchirurgische Gutachter, sagen aus, dass eine Beschleunigungsverletzung mit den geschilderten Beschwerden stattgefunden hat.

Es stellt eine allgemein bekannte medizinische Regel dar – und mit dieser Regel dürften auch medizinische Laien sehr vertraut sein –, dass bei einer Verletzung oder in gleicher Weise generell bei akuten Körperschädigungen die Beschwerden und Behinderungen in den ersten Stunden und Tagen nach dem schädigenden Ereignis am stärksten ausgeprägt sind und sich danach mehr oder weniger gut zurückbilden.

Eine Ausnahme von dieser Regel, eine deutliche Verschlimmerung Tage, Wochen oder Monate nach einer Verletzung, kommt nur in seltenen Ausnahmefällen vor, die einer besonderen Begründung bedürfen.

Nur dass ich nicht wieder aus meiner „Bibel" „Beschleunigungsverletzung der Halswirbelsäule" zitiere, sondern sogar auf Wikipedia und hunderten anderer Internet-Quellen, die leicht über eine Suchmaschine zu finden sind, wird das umgangssprachliche Schleudertrauma mit einem Auftreten von 0 bis über 70 Stunden nach dem Ereignis beschrieben.

Der Gutachter versucht an dieser Stelle also offensichtlich von dem Umstand abzulenken, dass es eigentlich eher die Regel ist, dass eine BV Stunden bis Tage nach dem Ereignis auftritt, obwohl ich bereits an der Unfallstelle Probleme hatte.

Er erläutert in seinem Gutachten weiter:

> *Zu den elementaren Pflichten jedes Gutachters von Unfallfolgen gehört zuallererst eine möglichst exakte Bestimmung des Primärschadens (Erstschadensbild), der sich aus der Kenntnis aller Umstände am Unfallort und aller Beschwerden sowie klinischen Befunde und Befunde von Zusatzuntersuchungen in den ersten Minuten, Stunden und Tagen nach der Verletzung und einem Vergleich mit der gesundheitlichen Verfassung vor dem Unfall ergibt (Becher u. Ludolph 2012, Widder u. Gaidzik 2011)*

An diesen selbstverfassten Text mit Zitat hält sich der Gutachter gerade mal gar nicht und verletzt damit offensichtlich seine elementaren Pflichten.

Es liegen, wie sie ja nun wissen, mehrfache Befunde aus den ersten Stunden und Tagen und Wochen vor, die alle das gleiche besagen. Zusatzuntersuchungen haben stattgefunden und werden von diesem Gutachter als „fraglich zweifelhafter Befund" diskreditiert oder wie im Fall des Befundes vom Traumaspezialisten (absichtlich?) falsch oder gar nicht gelesen. Vor meinem Unfall war ich körperlich voll aktiv und geistig auf der Höhe und nach dem Unfall geht fast gar nichts mehr? Diesen Vergleich zieht er also gar nicht.

Eine weitere – letztlich juristisch begründete – Grundregel besagt, dass in allen Rechtsgebieten der soeben erläutere Primärschaden im Sinne eines Vollbeweises festzustellen ist. Vollbeweis heißt, dass alle vernünftigen Zweifel ausgeräumt sind. Dies gilt für körperlichen, in gleicher Weise aber auch für psychische Unfallschäden. (Foerster u. Wider 2011)

Ich persönlich verstehe nicht, was eine Abhandlung, die einem Juristen vorbehalten sein sollte, in einem medizinischen Gutachten zu suchen hat, aber o.k. Zumindest wissen wir jetzt, dass offensichtlich auch psychische Unfallschäden entschädigungswürdig sind.

Alleine in den Jahren 1980-1993 hat eine kanadische Expertenkommission, die Quebec Task Force, mehr als 10000 Publikationen ausgemacht und analysiert. Davon wurden 1200 als sinnvoll auswertbar betrachtet und lediglich 294 wurden schließlich als wirklich beachtenswert angesehen.

Die Expertenkommission der QTF hat sich sicherlich nicht nur ausschließlich mit Publikationen beschäftigt. Leider war es mir bisher nicht möglich, die Ergebnisse dieser Expertenkommission und wie diese Ergebnisse zustande kamen, direkt einzusehen.

Von einem ähnlich zusammengesetzten Expertengremium wurde mittlerweile auch eine Leitlinie speziell zur Begutachtung der Halswirbelsäule erarbeitet (Lang u. Mitarb.2008a).

Diese Leitlinien sind die Grundlage der nachfolgenden Beurteilung. Das nach Auffahrunfällen auch schwerwiegende neurologische Schäden auftreten können, ist freilich unbestreitbar. Bezogen auf die große Anzahl von Auffahrunfällen kommen nachweisbare neurologische Schäden aber nur äußerst selten vor.

Hier bezieht sich der Gutachter auf die „Mehrheit" und vergisst, dass jeder Fall individuell betrachtet werden muss, da der Unfallhergang immer anders ist. Er schreibt auch, dass schwerwiegende neurologische Schäden auftreten können.

Es kann zu unmittelbaren oder mittelbaren Verletzungen verschiedener Anteile des Nervensystems kommen, zu Schäden der Wirbelarterien und dadurch zu Hirnschäden, zu Verletzungen der im Bereich der Halswirbelsäule bzw. des Nackens verlaufenden Nerven (zervikale Nervenwurzeln, Nn. Ocipitales) und sogar zu Rückenmarksschäden.

Also der Gutachter sagt selbst, dass es durchaus zu schweren Verletzungen kommen kann. Aber genau zwei Absätze weiter im Gutachten steht Folgendes:

> *Mittlerweile liegen unabweisbare Belege dafür vor, dass die vielfältigen und nicht selten sehr ausgeprägten Beschwerden, die nach objektiv leichten, das heißt nicht mit nachweisbaren Strukturschäden verbundene Beschleunigungsverletzung oft zunehmend in Erscheinung treten (in der internationalen Literatur „chronic whiplashsyndrome" genannt), maßgeblich durch psychische Faktoren, durch eine psychische Fehlentwicklung, geprägt werden*

An dieser Stelle muss man sich fragen, was er denn genau unter Strukturschäden meint, wenn für ihn eine Signalanreicherung im sechsten Halswirbel offensichtlich ein zweifelhafter Befund ist. Und was ist mit der instabilen Konfiguration (tanzender Dens) die der Radiologe diagnostizierte? Offensichtlich seiner Meinung nach dann wohl kein Strukturschaden. Weiterhin zitiert er aus Literatur bei denen es ja, wie er selbst schreibt, um „leichte" Beschleunigungsverletzungen geht, worunter meine Beschleunigungsverletzung ja gar nicht fällt.

Und auch hier fällt wieder hinten runter, dass sowohl der Traumaspezialist als auch die Psychologischen Gutachter zu dem Ergebnis kamen, dass keine Fehlverarbeitung vorliegt.

Es ist ja auch nicht bekannt nach Zusammenstößen zwischen Autoscootern auf Jahrmärkten, obwohl die auf die Halswirbelsäule einwirkenden Kräfte hier nicht geringer sind und kein Schutz durch Gurte und Kopfstützen besteht.

Das Beispiel mit den Autoscootern ist völlig realitätsfern, denn Autoscooter erreichen laut meinen Recherchen eine maximale Geschwindigkeit von 10 km/h und werden außerdem bei einem Anstoß durch einen anderen Autoscooter nicht nach vorne beschleunigt, da ihre Räder elektrisch angetrieben werden. Unsere Aufprallgeschwindigkeit war geschätzte 70 km/h, also deutlich schneller als ein Autoscooter und wir wurden deutlich nach vorne beschleunigt.

Weiterhin zitiert wurde auch die von Gutachtern heißgeliebte Litauen Studie:

Bei einer retrospektiven und später prospektiven Untersuchung in Litauen, wo das Krankheitsbild des Schleudertraumas in der Bevölkerung nicht bekannt ist und wo auch keine Aussicht auf entsprechende Versi-

cherungsleistung besteht, zeigte sich, dass die Häufigkeit von Nacken- und Kopfschmerzen in einem größeren Kollektiv von Unfallopfern mit Schleudertrauma der Halswirbelsäule nicht höher ist als in einem hinsichtlich Alter, Geschlecht und ähnliche Faktoren gleich zusammengesetzten Kollektiv von Menschen ohne diese Verletzung (Obelieniene u. Mitarb. 1999, Schrader u. Mitarb. 1996).

Wenn das Krankheitsbild dort doch gar nicht bekannt ist, woher kommen dann die an der „Studie" teilnehmenden Personen? Entsprechende Beschwerden nach einem Unfall müssen sie doch auch gehabt haben, sonst wären sie für diese Studie doch gar nicht ausgewählt worden.

Das Wort Studie habe ich absichtlich mit Gänsefüßchen markiert, denn der Gutachter meckerte zuvor an der Arbeit der Quebec Task Force, dass diese sich mit Publikationen beschäftigte, zitiert aber die Litauenstudie. Die Litauenstudie war derzeit eine Fragebogenaktion!

Im Buch Beschleunigungsverletzung der Halswirbelsäule wird von H. Merskey auf Seite 434 zur Litauenstudie Folgendes erklärt:

Schrader und Kollegen begannen mit einer retrospektiven Studie an 202 Personen, die ein Jahr nach einer Heckkollision einen Fragebogen ausfüllten und mit einer gesunden Vergleichsgruppe verglichen wurden. Die Studie hatte einen bemerkenswerten Fehler: nur 31 der 202 Personen aus der Kollisionsgruppe litten anscheinend wirklich unter Nackenschmerzen nach dem Heckaufprall. Zudem hatten nur neun Patienten diese Schmerzen noch nach einer Woche.

Die Informationen, die zu den Umständen des Unfalls wie auch zu den Beschwerden und Untersuchungsbefunden aus den ersten Tagen nach dem Unfall stammen, enthalten keinen Beleg für eine mehr als leichte stumpfe Verletzung der Halswirbelsäule und insbesondere nicht für eine Primärverletzung des Nervensystems.

Ich persönlich bin bezüglich der Primärverletzung komplett anderer Meinung wie der Gutachter. Primärverletzung ist für mich in meinem Fall die Beschleunigungsverletzung. Für diese sind wir aus juristischer Sicht voll beweispflichtig. Ich komme aber später nochmal im rechtlichen Abschnitt dieses Buches dazu.

Bereits im ersten Attest meiner Hausärztin, nach dem Attest aus dem Krankenhaus (3 Tage später), stehen Kribbelparästhesien drin. Der neurologische Gutachter erklärt nirgendwo in seinem Gutachten, warum zunächst Hände und dann auch Füße kribbeln. Er hätte, wenn er es ablehnt, meiner Meinung nach zumindest eine andere Erklärung dafür haben müssen. Die Psychoschiene ist ja nun, wenn wir uns erinnern, nachweislich falsch. Und alleine schon durch die hohe Aufprallgeschwindigkeit und schon am Unfallort auftretende Symptome, kann er hier nicht mehr von „leichter" stumpfer Verletzung sprechen. Insgesamt ignoriert er, dass der Aufprall schon sehr heftig war.

Auch die später erhobenen Befunde, die teilweise als Ausdruck eines neurologischen Schadens gewertet wurden, sind mit großer Zurückhaltung zu werten. So wurde anlässlich der ersten neurologischen Untersuchung zwar eine beidseitige Verletzung der Nervenwurzel C8 angenommen. Dies beruht aber indessen allein auf den von Frau Pudenz geäußerten Klagen, nicht aber auf neurologischen Befunden. Hätte der Unfall zu einer Schädigung dieser Nervenwurzel geführt, wäre anzunehmen, dass in den ersten Stunden und Tagen nach dem Unfall zweifelsfreie Belege für diesen peripheren Nervenschäden bestanden hätten.

Ich hatte bereits im Krankenhaus gesagt, dass sich meine Hände komisch anfühlen, aber ich war nach dem Unfall auch nicht in der Lage, das Attest des KH auf solche „Spitzfindigkeiten" zu kontrollieren. Außerdem wusste ich gar nicht, dass man da so darauf achten muss. Mir war zu dem Zeitpunkt schlichtweg einfach egal, was da aufgeschrieben wurde. Ich musste mehr darauf achten, mich nicht in der Ambulanz zu übergeben und mein Körper bestand zu diesem Zeitpunkt schon nur noch aus Schmerz. Der Unfall war freitags und ich habe die nächsten Tage mehr oder weniger im Dämmerzustand verbracht. Am darauffolgenden Montag war ich bei meinem Hausarzt und auf diesem Attest sind die Parästhesien bereits notiert. Wie viel zweifelsfreier muss ein Beleg denn noch sein?

Der Gutachter konnte natürlich nichts Krankhaftes auf neurologischem Gebiet feststellen. Einzelne Befunde, die er selbst in der Untersuchung erhoben hatte, wie z.B. einen verlangsamten Bauchhaut- oder Bauchdeckenreflex (das konnte ich direkt nach dem Termin schon nicht mehr in meinem Gedächtnisprotokoll festhalten) wurden im Gutachten überhaupt gar nicht angesprochen. Es kann ja sein, dass das überhaupt keinerlei Bedeutung hat, aber wenn ich es als Gutachter feststellen würde, sollte ich es im Gutachten zumindest erwähnen. Dies hätte man anhand des Bandes alles abhören können, aber so weit konnte ich damals nicht denken und kannte die Maschen ja auch nicht. Das Ergebnis des Gutachtens der Psychologen, dass die Beschwerden vom Unfall stammen, sowie der Befund des Traumaspezialisten wurden einfach vom neurologischen Gutachter gar nicht beachtet und die Fehler aus Vorgutachten ungeprüft von ihm übernommen. Und er wirft anderen Gutachtern und Ärzten in seinem eigenen Gutachten grobe fachliche Fehler vor, welch eine Ironie.

Zusammenfassung der Gutachten

Hier nun eine kurze Zusammenfassung von dem, was als Endergebnis aus den externen Gutachten zusammen gekommen ist:

Die Psychologen kamen zu dem Ergebnis einer dauerhaften MdE von 20 %. Zusammen mit dem chronischen Schmerzsyndrom von 40 – 50 %, alles unfallbedingt.

Die HNO kam auf ihrem Fachgebiet ebenfalls auf 20 % unfallbedingt.

Die Unfallchirurgie dauerhaft auf 0% und der Neurologe ebenso auf 0%.

Aufgrund dieser Gutachten kam der für meine Dienstfähigkeit verantwortliche Arzt bei dem nächsten Termin zu dem Ergebnis, dass ich vielleicht nicht mehr so gut für den Polizeidienst geeignet sei, aber es ja vielleicht möglich sein könnte, mich im Verwaltungsdienst einzusetzen.

Ich lernte bei diesem Termin nun auch den Arzt kennen, der mir zuvor beschrieben worden war. Nett, menschlich, total aufgeschlossen. Aber ich wusste auch, dass er zu einer Entscheidung gedrängt worden war.

Arbeitsversuche

Es erfolgten daraufhin zwei Belastungserprobungen, die beide leider aufgrund meiner Konzentrationsstörungen und der anderen Beschwerden scheiterten. Die erste scheiterte bereits an der Fahrstrecke und wurde abgebrochen. Die zweite erfolgte ziemlich heimatnah.

Ich gab mir so extrem viel Mühe und versuchte alle Aufgaben zu bewältigen, aber es war gerade so, als würde ich einen Akku komplett runterfahren und nur ganz kurz an die Ladung stecken, um ihn sofort wieder zu benutzen. Mit jedem Tag wurde es schlimmer, ich war so unerträglich müde, ich konnte komplexe Zusammenhänge immer noch nicht erfassen und auch alle anderen Beschwerden verschlimmerten sich. Einen Alltag zuhause schaffte ich dadurch fast gar nicht mehr und das bei einer Arbeitszeit von nur drei Stunden.

Mit jedem Tag im Dienst konnte ich gefühlt weniger, anstatt mehr. Einmal musste ich das Gebäude verlassen, weil ich nicht wollte, dass die Kollegen mich weinen sahen, weil ich nicht in der Lage war, eine popelige, einfache Anzeige mit nur vier Beteiligten sinnerfassend zu lesen.

Im Endeffekt konnte ich meine Schwächen leider nicht verbergen. In einem Gespräch mit dem Dienststellenleiter wurde mir gesagt, dass man gesehen habe, dass ich einfach vor einer Akte saß und sie angestarrt habe, ohne überhaupt geistig anwesend zu sein. Aber auch alles andere ließ sich nicht verbergen, wo ich doch immer dachte, ich wäre so gut darin, es zu verstecken. Der Dienststellenleiter und auch der Vize sagten genauso wie die beteiligten Kollegen, dass es keinen Zweck hätte, wenn ich so Dienst machen würde. Ich kam mir so ungenügend vor und ich habe mich so geschämt. Ich habe mich mein Leben lang doch über meine Leistung definiert. Ich war ziemlich am Boden zerstört. Nach noch weiteren Gesprächen, wurde auch die zweite Belastungserprobung abgebrochen und meine Pensionierung vorbereitet.

Zwischen all dem kam es letztendlich auch zur Trennung zwischen meinem Ehemann und mir. Natürlich verändert so ein Unfallereignis einen Menschen, vor allem wenn man nicht mehr so leistungsfähig ist wie vorher. Aber das Thema der Trennung soll in dem Buch nicht weiter angesprochen werden. Ich zog ziemlich schnell aus unserem gemeinsamen Haus aus. Zum Glück fand ich eine Bleibe für meine beiden Mädchen, die beiden Prinzen mit Fell und mich in der Nähe. Das Haus, welches ich mieten konnte, war nur ca. 500 m von unserem eigenen Haus entfernt, in absoluter Alleinlage. Der Umzugsstress inklusive der Trennung war die Hölle für mich. Zum Glück hatte ich sehr viel Hilfe, sonst hätte ich es nicht geschafft.

Ich hatte bis dato also erst mal meinen Sport verloren, mit so gut wie allen sozialen Kontakten, den größten Teil meiner Hobbys, mein Fernstudium, dann mein Pferd, dann meine Ehe, dann das gemeinsame Haus und nun auch noch meine Arbeit. Dazu kamen die ständigen Schmerzen oben, in der Mitte und unten im Rücken, zudem Kopfschmerzen und all die anderen Beschwerden. Nichts funktionierte gescheit und dann wird von einem verlangt, man soll immer positiv denken und immer schön lächeln. Wenn das alles so einfach wäre.

In all diesem Chaos, zwischen den Terminen bei dem verantwortlichen Arzt, kam dann der schriftliche Anerkennungsbescheid zum Dienstunfall. Zu meiner Überraschung wurden als Dienstunfallfolge von dem Arzt lediglich anerkannt:

> *eine chronische Schmerzstörung mit somatischen und psychischen Faktoren und eine dekompensierte Gleichgewichtsstörung auf der Basis einer peripher-otogenen Dysfunktion sowie auf einer nicht-organischen Komponente, mit Ohrgeräusch*

Alles in allem 40 % MdE. Ich war absolut geschockt, wo war der Rest, die Beschleunigungsverletzung, Wirbelsäulenstauchung, Instabilität usw.?

Und das, obwohl sogar in dem schlechten unfallchirurgischen Gutachten die BV erwähnt war und die Psychiater aussagten, 20 % auf fachpsychiatrischem Gebiet und 40-50 % inklusive der chronischen Schmerzen und auch bei der HNO bereits 20% feststanden.

Klage gegen meinen Arbeitgeber

Mir blieb nichts anderes übrig, als gegen meinen eigenen Arbeitgeber Klage einzureichen. Es war mir peinlich und wirklich sehr unangenehm, aber die wichtigste Komponente, die Primärverletzung, fehlte.

Also habe ich eine neue Baustelle in meinem Leben eröffnet und Klage bezüglich der Anerkennung der Dienstunfallfolgen eingereicht.

Ich hatte ja sonst nichts zu tun. Ich sag dazu nur: Am Rande meines Verstandes kicherte der Wahnsinn. Neben all den Einschränkungen und Verlusten, Trennung und Auszug, jetzt auch noch das.

Um vor Gericht und dem verantwortlichen Arzt belegen zu können, dass eine Beschleunigungsverletzung stattgefunden hat und aus dem Grund weil das unfallchirurgische Gutachten meines Arbeitgebers, der jetzigen „Gegenseite", so mangelhaft war, sah ich mich gezwungen, ein eigenes Gutachten erstellen zu lassen. Ich musste einfach etwas Handfestes zum Nachweisen haben. Außerdem – und dazu komme ich später nochmal ausführlich – gab es natürlich auch noch eine Baustelle mit der Versicherung der Unfallverursacherin, wofür ich ebenfalls ein Gutachten benötigte. Das Gutachten würde alle meine Ersparnisse auffressen.

Über den Unfallverband erhielt ich die Adresse eines wirklich neutralen Gutachters. Ich war zu Beginn der Begutachtung sehr skeptisch und misstrauisch, obwohl ich wusste, dass dieser Arzt vor dem Unfallverband als neutral galt. Alle meine Unterlagen musste ich vorab schon zu ihm schicken, inklusive alle Röngtenbilder usw. Alleine das war mir nach all meinen Erfahrung schon nicht ganz einerlei.

Es war aber tatsächlich so, dass der Orthopäde am Termin sehr gut vorbereitet war. Er hörte sich meine Schilderung zum Unfallhergang an, stellte Zwischenfragen und ging sehr, sehr genau ins Detail. Seine Untersuchungen waren sehr umfangreich und ebenso genau. Niemals sprach er abfällig über meine Beschwerden oder ähnliches, wie es später der Gutachter der Versicherung tat und andere getan hatten.

Ich war und bin ihm bis heute sehr dankbar dafür, dass er mich ernst nahm und ich war mir sicher, er würde meinen „Fall" neutral aus allen Winkeln beurteilen.

Die Begutachtung dauerte einen ganzen Morgen. Außerdem wurden extra 3D-MRT-Bilder meiner Kopfgelenke / HWS in einer anderen radiologischen Praxis angefertigt und digital ausgemessen. Zusammen mit der Anreise war ich dann einen kompletten Tag unterwegs. Es war so extrem anstrengend, ich kroch auf dem Zahnfleisch nach Hause und brauchte Tage, bis ich wieder einigermaßen ansprechbar war.

Ich musste zum Glück kein ganzes Jahr auf das Gutachten warten, es ging sehr schnell und war innerhalb weniger Wochen da. Ich war so aufgeregt, als ich es in meinen Händen hielt. Das Gutachten umfasste fast 38 Seiten und beschäftigte sich sehr genau mit dem Unfallhergang und den vorgelegten Befunden, Bildern und Gutachten.

Der Gutachter schrieb:

Bildgebung CT-Untersuchung in Funktion

Bei der Neigung des Kopfes nach rechts ist der Dens axis in direktem Kontakt zum linken Atlasbogen. Die frontale Rekontruktion zeigt eine Relativverschiebung des Atlas auf der Gelenksfläche des Axis nach rechts.

Röntgenaufnahme der Halswirbelsäule (Dens axis Zielaufnahme) vom 09.Mai 2007 diese Aufnahme wurde vor dem Unfall angefertigt. Auf dieser Aufnahme, die nur den Dens axis als Zielaufnahme abgebildet, steht der Dens links, das bedeutet, der Abstand zwischen dem Atlas und dem Dens ist auf der linken Seite 1 Bild-mm und auf der rechten Seite 3 Bild-mm. Auch hier ist der Dens axis nicht exakt frei projiziert.

Das gleiche wurde ja auch von den Ärzten der Uni im „gegnerischen" Gutachten erkannt und dazu benutzt, die Beschwerden als „unfallunabhängigen" Vorschaden darzustellen.

Dieser Umstand, dass mein Dens offensichtlich vorher schon erkennbar nicht mittelständig war, hatte mir zuvor jedoch keinerlei Probleme oder Beschwerden verursacht. Ich hatte trotzdem ein ganz normales Leben und konnte alles tun und lassen, was ich wollte.

Auch „mein" Gutachter greift das später nochmal auf und erklärt diesen Umstand. Er beurteilt unter anderem die vorgelegten Bilder weiter.

Uprigth-MRT

Bei den Rotationsaufnahmen ist bei der Rotation nach links der Winkel des Dens axis zur Horizontalen 24°, der Winkel des Atlas 44° und der Winkel des Hinterhauptes zurhorizontalen 47°. Bei der Rotation nach rechts ist der Winkel des Dens axis zur horizontalen 11°, der Winkel des Atlas 37° und der Winkel des Hinterhauptes 35° (og. Paradoxe Rotation). Bei der Neigung des Kopfes nach rechts nähert sich der Dens axis dem Atlas auf weniger als 1mm, bei der Kopfneigung nach links werden beide Abstände nahezu gleich, was bedeutet, dass der Dens jetzt mittelständig wird.

Es lagen meinem Gutachter noch deutlich mehr Bildaufnahmen vor. Alle wurden gesichtet und beurteilt und alle hatten die gleichen Ergebnisse.

Beurteilung des Verlaufs Allgemein

Frau Pudenz hat sich bei dem Dienstunfall bei der unstreitigen Halswirbelsäulendistorsion Verletzungen im Bereich der Kopfgelenke zugezogen. Sie hat direkt nach dem Unfall Befunde gezeigt, die auf eine Verletzung der Kopfgelenke hindeuten. Frau Pudenz hat jetzt eine fortdauernde Instabilität des Atlanto-Okzipital-Gelenkes und eine chronische Atlas-Blockade. Diese Atlas Blockade bei instabilem Atlanto-Okzipital-Gelenk ist verantwortlich für die von der Polizeibeamtin konsequent gezeigten Symptome: Schwindel, Übelkeit, Tinnitus, Kribbelparästhesie in der Hände, Konzentrationsstörungen, Schmerzen im Bereich der Hals und Brustwirbelsäule mit erheblichen Bewegungs- und Belastungseinschränkung.

Eine Instabilität oder auch nur eine erhebliche Bewegungs- und Belastungseinschränkung wurden mir niemals anerkannt. Wenn die Instabilität nicht als Dienstunfallfolge anerkannt wurde, da ja nachweislich ein nicht mittelständiger Dens bereits vorlag, hätte zumindest die erhebliche Bewegungs- und Belastungseinschränkung anerkannt werden müssen, die ja eindeutig erst nach dem Unfall auftrat. Ich war ja nachweislich vorher in der Lage, alles zu bewegen und sogar Wettkampfsport zu machen. Leider wurde dies bis heute nicht anerkannt.

Der Unfall war geeignet, auch eine gesunde Halswirbelsäule zu schädigen. Die Einteilung in Schweregrade nach Erdmann ist hier nicht hilfreich. Hier wäre eher die Einteilung nach der Quebec-Klassifikation zu wählen. Danach wäre die Verletzung in die Gruppe III einzuteilen.

Als ich mich irgendwann das erste Mal mit der Einteilung einer Beschleunigungsverletzung in Schweregrade befasst habe, war ich doch sehr verwundert. Kaum ein „Otto-Normal-Bürger" wie ich weiß, dass es da überhaupt verschiedene Schweregrade gibt. Es heißt immer nur „ein Schleudertrauma". Wenn man sich jetzt diese verschiedenen Tabellen anschaut, kann man feststellen, dass man sogar an einer Beschleunigungsverletzung versterben kann.

Tatsächlich kann, wenn es ein sehr schwerer Aufprall ist, der Dens axis auch abbrechen. Wenn dieser abbricht und ins Rückenmark / Hirn eindringt, dann ist man leider tot.

Mal ganz am Rande bemerkt, ist es das, was in früheren Zeiten geschah, wenn man Menschen durch Erhängen exekutiert hat. Der Tod durch Erhängen kann, wenn richtig ausgeführt, ein sehr schneller Tod sein, weil der Dens axis abbricht und ins Rückenmark / Hirn eindringt. Es gab aber auch die Variante, den Delinquent qualvoll und langsam ersticken zu lassen, wenn der Dens nicht abbrach.

Zum Glück leben wir im 21. Jahrhundert, doch leider gibt es heutzutage viel zu viele tödliche Unfälle, wobei hier natürlich auch die Gesamtheit aller Verletzungen zu beachten ist und es sich sehr selten um eine isolierte „hangman-fracture" handelt.

Ich konnte bei meinen Recherchen zu meinem Buch keinerlei Statistiken darüber finden, wie oft und unter welchen Umständen, so ein abgebrochener Dens die tatsächliche Todesursache darstellt und wie viel Kraft dafür wirklich nötig ist. Ich denke, es gibt keine Statistik für so etwas.

Tatsächlich beschäftigt sich fast die gesamte Schleudertrauma-Fach-Literatur damit, ob es bei geringen Geschwindigkeiten zu Verletzungen und wenn zu welchen Verletzungen es kommen kann. Sie beschäftigt sich allerdings nicht damit, was mit dem Körper bei höheren Aufprallgeschwindigkeiten passiert. Ich habe vieles versucht zu recherchieren, auch wie hoch die Krafteinwirkung sein muss, um eine Autoglasscheibe zerspringen zu lassen, bin aber nicht wirklich fündig geworden. Oder ich habe das, was ich gefunden habe, einfach nicht verstanden, weil es aus irgendwelchen Tabellen usw. bestand. Aber das alles nur mal so nebenbei. Zurück zum Gutachten:

Sowohl der Gutachter auf HNO-fachärztlichem Fachgebiet als auch der Gutachter auf psychiatrischem Fachgebiet haben in ihren jeweiligen Gutachten jeweils eine MdE auf ihrem Fachgebiet von 20 % angenommen.

Dies ist jedoch nicht in das mit der Gesamtbeurteilung beauftragte Gutachten des unfallchirurgischen Gutachters eingegangen.

Eigentlich hat der psychiatrische Gutachter inklusive der Schmerzen sogar 40 – 50 % angenommen.

Sowohl auf den Aufnahmen 2002 (hat dem unfallchirurgischen Gutachter nicht vorgelegen, sehr diskret ohne Verschiebung der Atlantoaxialen Gelenkflächen) als auch auf der Aufnahme 2007 (hat dem unfallchirurgischen Gutachter vorgelegen) ist der Dens axis dezentriert nachzuweisen, eine Konstellation, die bei verschiedenen Kopfstellungen bei 95% der Erwachsenen vorkommen kann. Insofern ist die alleinige Links-Verlagerung des Dens axis als Erklärung für die Beschwerde-Symptomatik der Polizeibeamtin nicht geeignet. Bereits zum Gutachten-Termin lagen allerdings die Befunde der Upright-MR (mithin a. 12 Wochen nach dem Unfall) vor.

Der unfallchirurgische Gutachter hat sich allerdings nicht mit der Problematik einer Instabilität der Kopfgelenke befasst.

Der wesentliche Befund dieser Untersuchung war die abnorme Beweglichkeit des Dens axis bei Seitneigung. Dieser Befund ist zweifelsfrei nachgewiesen:

1. bei Neigung nach rechts verlagert sich der Dens axis deutlich nach links, bei Neigung nach links Dens-Verlagerung über das physiologische Maß nach rechts
2. bei Rotation nach links verbleibt der Dens axis links, bei Rotation nach rechts wird er mittelständig

Diese Befund-Konstellation ist nur möglich, wenn eines oder beide Ligamenta alaria insuffizient sind. Deswegen werden Funktionsaufnahmen angefertigt, um die Funktion der Ligamente zu überprüfen.

Eigene Beurteilung der upright-MR

In diesen ist bei der Rotation nach rechts der Atlas weiter (37°) nach rechts gedreht als das Hinterhaupt (35°). Diese Konstellation ist bei intakten Lig.alaria nicht möglich.

Linksverlagerung des Dens

Es muss hier nochmals betont werden, dass die alleinige Verlagerung des Dens axis aus der Mittelinie in der Röngtenaufnahme leider nicht verwertet werden kann, um die Folgen des Unfalls zu erklären. Sie ist bei der Polizeibeamtin seit 2007 nachweisbar, darüber hinaus schon 2002 ansatzweise. Dies hat der Gutachter erkannt und in das Zentrum seiner Argumentation gestellt.

Unfallanalyse

Die Polizeibeamtin hatte direkt nach dem Unfall eine Erinnerungslücke und ein sehr kurzes freies Intervall, bis die ersten Symptome auftraten. Diese waren primär starker Kopfschmerz, Nackenschmerzen, Nackensteifigkeit, Schwankschwindel und Übelkeit. Bereits am ersten Tag nach dem Unfall ist dann ein Tinnitus aufgetreten. Dies spricht für eine vertebragn und spinal ausgelöste vegetative Symptomatik, wie sie typischerweise bei einer Verletzung im Bereich der oberen Halswirbelsäule und auch einer Kontusion des Halsmarkes auftreten.

Dienstfähigkeit einer Polizeibeamtin

An die Dienstfähigkeit einer Polizeibeamtin sowohl im Außen- wie im Innendienst werden hohe Anforderungen an die körperliche Leistungsfähigkeit, die psychische Belastbarkeit und ganz besonders koordinative Fähigkeiten gestellt.

Durch den Unfall wurde das Kopfgelenk verletzt. Dies führt zu einer dauerhaften Instabilität und Blockade des Atlas. Dies wiederum führt zu einer dauerhaften Reizung vor allen Dingen des Nervus Suboccipitalis und des N.occipitalis in Verbindung mit einer dauerhaften Reizung des Hirnstammes. Durch Training werden die Symptome weiter abgemildert, eine Heilung wird es aber nicht geben.

Zusammenfassung

Somit ist in mehreren Untersuchungen belegt, dass der Atlas chronisch blockiert, nach rechts verdreht ist und bei Rotation und Seitneigung keine stabile Lage einnimmt. Es liegt die eindeutige Konstellation einer Instabilität C0/C1/C2-Gelenk bei Insuffizienz des Ligamentum alare links vor. Dieser Befund ist ursächlich auf dem Unfall zurück zu führen. Diese Befunde haben eine so starke Auswirkung auf die Dienstfähigkeit der Polizeioberkommissarin Pudenz, dass sie aus meiner gutachterlichen Sicht derzeit nicht dienstfähig erscheint. Die Auswirkungen dieses Unfalls wiegen so schwer, dass auch Bemühungen von der vorgesetzten Stelle zur Integration der Polizeibeamtin heimatnah derzeit keine Aussicht auf Erfolg haben dürfte.

Am Ende des Gutachtens empfahl mir mein Gutachter die Osteopathische Behandlung Cranio-Sacal-Therapie. Sie würde meine Beschwerden zumindest lindern. Und ich muss sagen, er hatte Recht. Ich kann diese Therapie nur jedem Unfallopfer empfehlen. Sie hat meine Beschwerden nicht komplett beseitigt, aber sie macht mir mein Leben deutlich leichter. Der Schwindel und die Übelkeit wurden auf ein Minimum reduziert und wenn ich mich mittags hinlege, ist es eher so, als würde ich langsam wegdämmern und nicht mehr so, als würde mir jemand einen Holzhammer über den Schädel ziehen.

Dies waren soweit die Auszüge aus den jeweiligen Gutachten.

Jetzt nochmals ganz kurz zusammengefasst. Das fachpsychiatrische Gutachten sowie das HNO-fachärztliche Gutachten meines Arbeitgebers sagen beide bei kleineren Fehlern in den Gutachten aus, dass die Beschwerden vom Unfall verursacht wurden. Das unfallchirurgische, sowie neurologische Gutachten der Gegenseite sagen beide bei massivsten Fehlern aus, es ist nichts feststellbar bzw. die Beschwerden sind unfallunabhängig. Das Gutachten, welches ich in Auftrag gegeben habe, sagt aus, ich habe eindeutig eine Instabilität, die die Beschwerden verursacht, die unfallursächlich ist.

Jetzt sind wir an einer Stelle angekommen, an der wir uns tatsächlich mit der Rechtsprechung und dem vorher schon erwähnten Begriff des Vollbeweises, der Kausalität und anderen Dingen beschäftigten müssen.

Mein eigenes gefährliches Halbwissen

Ich möchte zuvor noch einmal darauf hinweisen, dass es sich hierbei um meine eigene persönliche Meinung, mit meinem eigenen gefährlichen Halbwissen handelt und nicht um eine möglicherweise juristisch perfekte Auslegung des Sachverhaltes. Es ist ja mein Buch, „the story of my life", und ich erzähle die Dinge hier so, wie ich sie sehe. Wie die meisten von uns wissen, sind Recht haben und Recht bekommen zweierlei Paar Schuhe. Außerdem müssen wir zwei Baustellen voneinander getrennt betrachten.

Einmal die Sache mit der Pensionierung und dass verschiedene Verletzungen / Beschwerden nicht zum Dienstunfall anerkannt wurden, was sich unter anderem auf die Höhe der Minderung der Erwerbsfähigkeit auswirkt.

Die andere Seite, die zu betrachten ist, ist die Tatsache, dass von der Versicherung der Unfallverursacherin lediglich zwei oder drei minimale Zahlung als Entschädigung geleistet wurden und dass das insofern lächerlich, da ich diesen Schaden mein Leben lang behalten werde.

Das sind zwar zwei verschiedene Baustellen, die jedoch eng miteinander verknüpft sind. Dies aus der Tatsache heraus, dass mein Dienstherr natürlich ebenfalls hohe Regressansprüche an genau diese Versicherung hat. Wurde doch eine Polizeioberkommisarin bei dem Unfall kaputt gemacht.

Wenn ich jetzt gegen eine große deutsche Versicherung vorgehe, die Umsätze in Milliardenhöhe macht und ich „gewinne", ist die Chance meines Dienstherren automatisch wesentlich höher, dass auch seine Forderungen erfüllt werden müssen und umgekehrt. So hängt eins am anderen.

Auch möchte ich an dieser Stelle einmal erwähnen, dass ich es als wahnsinnig schwierig empfinde, eine Chronologie in diesem Buch herzustellen, denn viele Dinge liefen in der Wirklichkeit ja parallel nebeneinander her und hier muss ich sie nacheinander aufschreiben.

Wie ich irgendwann zwischendrin schon mal erwähnt habe, habe ich mein Gutachten unter anderem machen lassen, weil die Gutachten, die mein Dienstherr in Auftrag gegeben hat, zum Teil massivst fehlerhaft waren / sind.

Meine Termine bei dem die Dienstfähigkeit beurteilenden Arzt und meine anschließende Pensionierung fanden ziemlich zeitgleich mit der Erstellung meines eigenen Gutachtens statt.

Mein eigenes Gutachten war noch nicht fertiggestellt, als die Entscheidung zur Pensionierung an die Verwaltung gegeben wurde, mit der Anerkennung einer MdE von 40% und ich bekam einen weiteren Anerkennungsbescheid über die Dienstunfallfolgen. Es wurden mir nachträglich eine HWS-Distorsion sowie eine Wirbelsäulenstauchung anerkannt. Daraufhin zog ich die Klage gegen meinen Arbeitgeber zurück. Für mich war zu diesem Zeitpunkt einfach die Beschleunigungsverletzung, hier als HWS-Distorsion bezeichnet, das Wichtigste. Die Höhe der MdE war mir nicht wichtig. Ich wusste es zu diesem Zeitpunkt nicht besser.

Niemals anerkannt wurden die Instabilität, die laut meines Gutachtens unfallursächlich ist, die Bewegungs- und Belastungseinschränkungen der Wirbelsäule in drei Abschnitten, sowie die Parästhesien. Ebenfalls komplett hinten runter gefallen sind auch die dauerhafte Reizung des Hirnstammes, die zwar von der Instabilität verursacht wird, aber überhaupt gar nicht beachtet wurde. Auch nicht anerkannt wurde die von meinem Gutachter genannte Halsmarkkontusion. Eine Gehirnerschütterung, wie sie anfangs beschrieben wurde und die auch ohne Anprallkontakt, lediglich durch die ultraschnelle Bewegung auftreten kann, wurde niemals offiziell in einem Befund erwähnt. Es wurde lediglich auf einem Rezept zur Ergotherapie als Diagnose ein SHT (Schädelhirntrauma) erwähnt. Also wurde so etwas in der Art zwar erkannt, nur niemals im Befund niedergeschrieben. Da verwundert es natürlich nicht, wenn dies nicht als Unfallfolge anerkannt wird.

Bei der Anerkennung zum Dienstunfall handelt es sich nach Ablauf einer Frist um einen rechtsgültigen Bescheid. Das ist wichtig und der Leser sollte das im Hinterkopf behalten. Die Pensionierung ist natürlich die eine Sache, die Höhe der MdE eine andere. Die Höhe der MdE ändert nichts an der Entscheidung der Behörde mich zu pensionieren. Sie hat allerdings Auswirkungen auf die Höhe des Unfallausgleiches, der dann gezahlt wird, wenn man einen Dienstunfall erlitten hat und es entstehen möglicherweise Ansprüche auf eine Einmalzahlung, wenn man über 50 % MdE liegt. Das ist bei Beamten anders geregelt als bei Angestellten.

Natürlich muss ich durch die Pensionierung auch auf einen erheblichen Teil meines Gehaltes verzichten, aber ich will gar nicht jammern, denn an dieser Stelle wird sehr deutlich, dass ich mich bei all dem was passiert ist, zumindest in dieser einen Sache auf der „glücklichen" Seite der Unfallopfer befinde, die zwar Geldeinbußen haben, aber nicht in ihrer Existenz gefährdet sind. Sehr, sehr viele Unfallopfer geraten durch die Verschleppung von Zahlungen und durch die miese Zahlungsmoral der Versicherungen an die Gefährdung ihrer Existenz und landen bei der Sozialversorgung.

Ich bin des Kämpfens einfach zu müde und ich habe meine Pension im Gegensatz zu anderen. Ich müsste erneut einen Fachanwalt, diesmal für Beamtenrecht, bemühen, um mir Rechtssicherheit in diesen Angelegenheiten von Einmalzahlung und erhöhtem Unfallausgleich zu verschaffen, was mir alleine schon einfach wieder zu viel wird und auch ein Anwalt möchte sein Geld verdienen – zudem man das Geld ja auch erst mal haben muss.

Allerdings vermute ich, und die Betonung liegt auf dem Begriff „Vermutung", dass hier über die Festsetzung der MdE richtig Geld eingespart wurde. Das alles habe ich erst aufgrund von Recherchen zu diesem Buch herausgefunden, 4-5 Jahre nach dem Unfall! Sagen tut einem das niemand.

Nach dem Beamtenversorgungsgesetz wird ein erhöhtes Unfallruhegehalt gewährt, wenn ein Beamter einen Einsatzunfall erleidet und er infolge des Einsatzunfalls dienstunfähig geworden und in den Ruhestand getreten und im Zeitpunkt des Eintritts in den Ruhestand infolge des Einsatzunfalls in seiner Erwerbsfähigkeit um mindestens 50 vom hundert beschränkt ist.

Wurden mir zur Einsparung von diesen Geldern nur die 40 % gewährt, oder täusche ich mich wie so oft und sie stehen mir vielleicht gar nicht zu? Das ist alles extrem kompliziert für mich und ich verstehe die verschiedenen rechtlichen Auslegungen dazu gar nicht. Wie ich bereits sagte, müsste ich meine Vermutungen von einem Anwalt prüfen lassen und ich wäre ganz sicher wieder gezwungen, mich neuen Gutachtern und Erniedrigungen auszusetzen. Ich habe für mich beschlossen, ich möchte und kann nicht noch einmal durch das Gutachtersystem durchgehen. Die Nerven, mich so behandeln zu lassen, habe ich nicht.

Aber ich war geschockt, als ich es herausfand. Niemand klärt einen darüber auf, was man möglicherweise für Ansprüche hat und was man tun kann. Für jemanden, dessen Hirnleistung gerade eben so für den Alltag ausreicht, wäre so etwas echt hilfreich gewesen.

Gegen die Pensionierung selber, wollte ich mich nach all den Gesprächen nicht wehren. Ich hatte einfach das Gefühl versagt zu haben.

Blick in die MdE Tabelle

Zu Höhe der MdE wage ich nun trotz allem mal einen Blick in die im Internet frei zugänglichen MdE-Tabellen. Diese Tabellen sind ganz einfach über eine Suchmaschine im Netz zu finden. Ich darf hier mit freundlicher Genehmigung aus der MdE / GdB Tabelle von wolterskluver.de, Prof. Dr. jur. Bernhard Knittel, Verlag R.S. Schulz GmbH zitieren.

Dort fand ich auch eine Aussage zu einer Verletzung des Gehirns, was mich hellhörig werden ließ:

Hirnbeschädigte sind behinderte Menschen, bei denen das Gehirn in seiner Entwicklung gestört wurde oder durch äußere Gewalteinwirkung, Krankheit, toxische Einflüsse oder Störungen der Blutversorgung organische Veränderungen erlitten und nachweisbar behalten hat.

Also die äußere Gewalteinwirkung hat ja nun tatsächlich in Form des Aufpralls als sogenannte Peitschenschlagbewegung stattgefunden. Wenn man nun der Physik logisch folgt, wird mit der Bewegung des Körpers auch das Gehirn mit beschleunigt. Wie wir weiter vorne in der Erklärung gelesen haben, ist dabei auch ein Anprall des Gehirns an die innere Schädeldecke möglich. Ob es tatsächlich so war und „organische" Veränderungen dabei erlitten hat, wurde direkt nach dem Unfall gar nicht untersucht.

Wenn ich jetzt recherchiere, was für Symptome eine Gehirnerschütterung hat, finde ich unter anderem – wer ist jetzt überrascht – kurze Bewusstlosigkeit, Schwindel, Übelkeit, Müdigkeit und Erinnerungslücken. Vielleicht liege ich mit meiner Selbstdiagnose auch nur einfach falsch, wer weiß.

Nun zurück zur Mde Tabelle:

Als nachgewiesen ist ein solcher Hirnschaden anzusehen, wenn Symptome einer organischen Veränderung des Gehirns – nach Verletzung oder Krankheit nach dem Abklingen der akuten Phase – festgestellt worden sind, dies gilt auch, wenn bei späteren Untersuchungen keine hirnorganischen Funktionsstörungen und Leistungsbeeinträchtigungen mehr erkennbar sind (GdB/MdE Grad dann – auch unter Einschluss geringer vegetativer Beschwerden – 20, nach offenen Hirnverletzungen nicht unter 30)

Der Traumaspezialist stellte ja eindeutig eine Leistungsbeeinträchtigung fest, was für mich schon Symptome einer organischen Veränderung des Gehirns sind.

Die Mde Liste sagt weiterhin:

Hirnschäden mit geringer Leistungsbeeinträchtigung 30-40 %
Hierbei wird zwischen hirnorganischen Allgemeinsymptomen, intellektuellem Abbau (Demenz) und hirnorganischer Persönlichkeitsveränderung unterschieden, die jedoch oft kombiniert sind und fließende Übergänge zeigen können. Zu den hirnorganischen Allgemeinsymptomen (Hirnleistungsschwäche) werden vor allem Beeinträchtigungen der Merkfähigkeit und Konzentration, Reizbarkeit, Erregbarkeit, vorzeitige Ermüdbarkeit, Einbuße an Überschau- und Umstellungsvermögen und psychovegetative Labilität (z.B. Kopfschmerzen, vasomotorische Störungen, Schlafstörungen, affektive Labilität gerechnet.

Wieso finde ich mich hier in großen Teilen nur so gut wieder? Verstehe ich gar nicht. Ich habe doch laut neurologischem Gutachter angeblich nichts, bzw. bilde mir doch alles nur ein. Ich bin selbst total erstaunt, dass diese Symptome wie vorzeitige Ermüdbarkeit oder Einbuße an Überschauvermögen bekannt sind und dass es dafür überhaupt Worte gibt (konnte ich doch damals überhaupt nicht erklären, warum, wieso, weshalb ich eine Strafanzeige mit nur vier Beteiligten einfach nicht sinngemäß erfassen konnte, was mich damals total frustriert hat. Bis heute habe ich echte Probleme „komplexe" Sachverhalte zu verstehen. Der Traumaspezialist beschrieb es als „Problem mit dem Hirnstamm". Mir wurde vom Prinzip her immer nur gesagt, dass das alles nicht zusammen passt, nicht sein kann und ich ja so etwas Exotisches habe.

Für mich macht das jetzt alles Sinn. Es beruhigt mich zu wissen, dass mein Körper eigentlich gar nicht unnormal ist und dass das gar nichts Exotisches ist. Sondern dass es einfach sein kann, dass mein Hirn bei diesem harten Aufprall an meiner inneren Schädeldecke angeschlagen ist. Die Symptome passen alle dazu, es ist für mich wichtig zu wissen, dass es erklärbar ist!

Nun könnte man ja sagen, die Psychiater beim Gutachten an der Uni, haben die Lage erkannt und mir darum die 20 % und 40-50 % inklusive der Schmerzen dauerhaft gegeben. Dann würden aber in der Anerkennung der Dienstunfallfolgen in der Höhe der MdE die restlichen 20-30% wegen der Schmerzen fehlen. Anerkannt wurden aus diesem Gutachten aber lediglich die chronischen Schmerzen mit 20%. Wo ist dann der Rest? Macht also irgendetwas zwischen 20-40 unterschlagene Prozent auf meiner Liste.

Nun zu der von meinem Gutachter angesprochenen Halsmarkkontusion. Das Wort Kontusion leitet sich aus dem Lateinischen ab für contusio. Das deutsche Wort dafür ist Prellung. Das Netz spuckt Folgendes dazu aus:

Die Kontusion, die hier in Folge des physikalisch logischen „Kneifzangenmechanismus" durch Druck-und Scherkräfte entsteht, führt zu Verletzung des sich im Wirbel verlaufenden Halsmarkes.

Wie die Gehirnerschütterung in Schweregrade unterteilt wird, so wird auch die Halsmarkkontusion in Schweregrade unterteilt, (Commotio-, Contusio- und Compressio spinalis). Wir schauen einfach mal, was sich über die Halsmarkkontusion recherchieren lässt. Wenn wir dem Internet Glauben schenken können, was ja auch manchmal schwierig ist, dann heißt es dort:

Commotio spinalis, auch Rückenmarkserschütterung genannt, ist die einfachste Verletzung des Rückenmarks. Sie tritt häufig bei kurzfristigen indirekten Gewalteinwirkungen auf die Wirbelsäule und den Spinalkanal auf. Es treten flüchtige neurologische Reiz- oder Ausfallerscheinungen auf, die maximal 48 Stunden andauern. Die Störung ist vollständig reversibel. Weder pathologisch noch radiologisch kann eine Verletzung des Rückenmarks nachgewiesen werden.

Ach ja, sie tritt häufig auf mit neurologischen Reizerscheinungen. Dann frage ich mich doch, ob das Kribbeln meiner Hände und das Gefühl als hätte ich Elefantenhände möglicherweise eine neurologische Reizerscheinung war?

Contusio spinalis auch Rückenmarksprellung genannt, ist die zweitschwerste Verletzung des Rückenmarks. Sie führt zu unmittelbaren neurologischen Ausfällen, welche manchmal auch verzögert auftreten können. Es handelt sich um einen zum Teil nicht reversiblen, traumatischen Vorgang. Pathologisches Korrelat sind Ödem und axonale Schädigung.

Können manchmal auch verzögert auftreten? Leider, leider wurde nach dem Unfall nicht direkt ein MRT gemacht, denn bis heute habe ich Kribbeln in den Fingern und Füßen, was aber laut Neurologe, wir erinnern uns, anatomisch angeblich unmöglich ist. Es würde sich ja laut des Neurologen hier um ein psychisches Trauma handeln. Und der neurologische Gutachter spricht ja von fraglichen Befunden oder nur von einer leichten Beschleunigungsverletzung.

Wenn ich nun einen ganz kurzen Blick zu Rückenmarksschäden in die MdE Tabelle werfe, kommt Folgendes bei raus:

unvollständige, leichte Halsmarkschädigung mit beidseits geringen motorischen und sensiblen Ausfällen, ohne Störung der Blasen- und Mastdarmfunktion 30-60

Bis auf das Kribbeln habe ich ja glücklicherweise keine Symptome, es sei denn vor den Türpfosten zu laufen oder immer das Gefühl in den Beinen zu haben, Marathon gelaufen zu sein und ähnliches zählen als solche. Also zähle ich mal keine Prozente dazu. Ich bin ja geizig, aber es erklärt mal ein Symptom und dass ich es mir nicht einbilde. Nun ein Blick in die Tabelle zur festgestellten Instabilität:

Wirbelsäulenschäden

mit geringen funktionellen Auswirkungen (Verformung, rezidivierende oder anhaltende Bewegungseinschränkung oder Instabilität geringen Grades, seltene und kurz dauernde auftretende leichte Wirbelsäulensyndrome) 10

mit mittelgradigen funktionellen Auswirkungen in einem Wirbelsäulenabschnitt (Verformung, häufig rezidivierende oder anhaltende Bewegungseinschränkung oder Instabilität mittleren Grades, häufig rezidivierende und Tage andauernde Wirbelsäulensyndrome) 20 mit schweren funktionelle Auswirkungen in einem Wirbelsäulenabschnitt (Verformung, häufig rezidivierende oder anhaltende Bewegungseinschränkungen oder Instabilität schweren Grades, häufig rezidivierende und Wochen andauernde ausgeprägte Wirbelsäulensydrome) 30

mit mittelgradig bis schweren funktionellen Auswirkungen in zwei Wirbelsäulenabschnitten 30-40

Ich bin wieder mal geizig und nehme mal die mittelgradig funktionellen Auswirkungen an und beachte mal nicht, dass ich drei Stellen in meiner Wirbelsäule habe (oben, Mitte, unten), die nicht ganz in Ordnung sind.

Macht summa summarum 20-40 unterschlagene Prozente.

Gleichgewichtsprobleme

leichte Folgen, leichte Abweichung bei den Geh- und Stehversuchen auf höherer Belastungsstufe 20

Tinnitus

ohne nennenswerte psychische Begleiterscheinung -10

Das wurde ja zumindest als Dienstunfallfolgen auf HNO Gebiet mit insgesamt 20 % anerkannt.

Leider ist es jedoch so, dass man die Prozente nicht einfach so zusammen rechnen darf, da der Gesamteindruck zählt. Wenn ich sie zusammenrechnen würde, würden mir zwischen 50-80 % zusätzlich zu meinen bereits anerkannten 40 % noch fehlen. Das geht allerdings gar nicht, schon rein rechnerisch. Aber ich persönlich finde, dass 40 % im Gegensatz zu dem, was in der Tabelle steht und meiner Meinung nach eigentlich richtig wäre, lächerlich sind.

Aus genau diesem Grund drängt sich mir natürlich die Frage auf, ob dadurch die Gelder eingespart wurden. Bei all dem ist das doch eine berechtigte Frage. Vielleicht habe ich eines Tages mal die Kraft für die Klärung und einen neuen Kampf um die Erhöhung der Prozente, was ich aber im Moment noch nicht sehe.

Die Versicherung

Die Baustelle „Versicherung" der Unfallverursacherin war eine einzige Katastrophe. Nach zwei oder drei kleineren Zahlungen, sollte eine Begutachtung erfolgen. Vorgeschlagen wurde der Arzt, der eh schon öffentlich publiziert, dass es eine Beschleunigungsverletzung nicht gibt. Er hat, oh Wunder, ein Institut, welches ausschließlich Begutachtungen durchführt.

Diesen Gutachter lehnten mein Rechtsanwalt und ich ab. Wir schlugen dann aufgrund der guten Erreichbarkeit eine Unfallchirurgie in einer anderen größeren Klinik vor. Dieser Vorschlag wurde von der Versicherung angenommen. Eigentlich hätte mich alleine dieser Umstand schon misstrauisch machen müssen. Das Gutachter-Institut, welches öffentlich negiert, dass es Beschleunigungsverletzungen gibt, hat seinen Sitz in der gleichen Stadt, wie die Klinik, die wir selbst vorgeschlagen hatten. Ich glaube, wir waren einfach viel zu naiv.

Der Gutachter war am Termin von seiner Art her nicht sehr nett, zum Glück war ich nicht alleine bei ihm; das hatte mich die Erfahrung schon gelehrt.

Er sprach in einer Art und Weise mit mir, die unhöflich, Angst machend und wenig gefühlvoll war. Er ging mich regelrecht an! Sein Ton war scharf und äußerst bestimmend. Ich sollte bei seiner Untersuchung meinen Kopf drehen, was ich zu diesem Zeitpunkt kaum konnte. Er sagte immer nur: „lassen sie doch endlich mal locker", was ich ja auch versuchte, mir aber nicht gelang. Er ging mich daraufhin verbal ziemlich an, wie ich mich denn versorgen würde; ich würde absichtlich meine Muskeln anspannen und nicht locker lassen. Ich könnte mich so überhaupt nicht versorgen und Auto fahren schon gar nicht, wenn das alles wahr wäre und ich meinen Kopf tatsächlich nur so wenig drehen könnte. Er ließ also ziemlich deutlich durchblicken, dass ich für ihn ein Simulant war.

Ich wollte ihm erklären, warum mein Nacken zu diesem Zeitpunkt so extrem fest war,

aber er ließ mir keinerlei Gelegenheit, das zu erklären und ich hatte nach den ersten Minuten bereits den Eindruck, dass, selbst wenn ich es ihm hätte erklären können, er mir sowieso nicht geglaubt hätte. Für ihn stand sein Urteil schon von vornherein fest. Ich würde mit Absicht die Begutachtung boykottieren, indem ich meine Muskeln anspannen und absichtlich nicht locker lassen würde. Auf die Idee, dass ich das vielleicht irgendwie gar nicht geregelt bekomme, kam er nicht. Er wollte von sich aus dann die Untersuchung abbrechen, es hätte so eh keinen Sinn. Ich bat ihn die Untersuchung zu Ende zu bringen, aber er schickte mich nur nochmals zum Röntgen. Als hätte ich nicht schon genügend Bilder mitgebracht. Plus: es wurden auch keine Funktionsbilder angefertigt, sondern zum gefühlten fünfhundertsten Mal, normale Röntgenbilder.

Ich fragte mich schon vor Ort, was diese Bilder denn für einen anderen Erkenntnisgewinn bringen sollten, aber ich war ja eh schon die Böse hier, also ließ ich diese Bilder auch noch machen. Sein Bericht an die Versicherung war niederschmetternd. In seinem Bericht stand sinngemäß, dass ich zur Mitarbeit nicht gewillt war und die Untersuchung boykottiert habe.

Solche Begutachtungstermine sind extremst erniedrigend, wenn man plötzlich vorgeworfen bekommt, man würde mit Absicht nicht „mitarbeiten". Ich fühlte mich tagelang mies danach. Außerdem hatte er mir damit richtig Angst eingejagt.

Es folgte irgendwann ein neuer Vorschlag zur Begutachtung. Es wurde eine BG Klinik von seitens der Versicherung vorgeschlagen, die weiter entfernt war. Ein Anruf beim Unfallverband genügte und ich höre heute noch das etwas schrille, hohe: „Neeeeeiiiiiinnnn! Bloß nicht! Das ist die Höhle des Löwen. Keiner dort ist neutral, das sind die Schlimmsten der Schlimmen". Wir lehnten die Begutachtung dort ab.

Diese Versicherungsgeschichte lief zeitlich ziemlich parallel zu den anderen Begutachtungen meines Dienstherren, die ja so fehlerhaft waren. Letztlich hatte ich dann aus all diesen Gründen genug von allem und entschied mich dazu, mich selbst um ein Gutachten von einem neutralen Gutachter zu kümmern.

Mit diesem eigenen Gutachten, welches ich ja zuvor schon beschrieben habe, reichten wir dann Klage gegen die Versicherung ein.

Nun könnte man meinen, das Buch könnte an dieser Stelle schon zu Ende sein, aber leider ist dem noch nicht so. Nun kommt ein Kapitel dieser ganzen Geschichte, was sich total unwirklich anhört, aber tatsächlich so passiert ist. Es zeigt, was man sich als Unfallopfer alles noch gefallen lassen muss und mit welchen Maschen die Versicherungen arbeiten.

Die illegale Videoüberwachung

Wir wohnen seit unserem Auszug aus unserem Haus in Alleinlage. Herrliche Ruhe, nur Felder um uns, keine Menschen und keine direkten Nachbarn. Das nächste Haus steht erst ein paar hundert Meter weiter.

Eines Tages, ich hatte mich gerade angezogen, um mit den Hunden spazieren zu gehen, beobachtete ich aus meinem Küchenfenster heraus eine dunkel gekleidete männliche Gestalt, die sich hinter dem Feld am Bach entlang bewegte. Dort ist kein Weg und nur ich und ein paar andere mir bekannte „Hundeleute" gehen dort hin und wieder lang. Alle meine Alarmglocken sprangen an. Ich nahm meine Hunde und ging langsam hinter der Person her. Als sie mich entdeckte, versuchte sie sich immer wieder am Ufer des Baches zu verstecken. Ich trieb sie sozusagen von unserem Haus weg. Die örtliche Lage ist so, dass dann mitten in der Feldgemarkung ein eingezäuntes Grundstück ähnlich eines Kleingartens, nur eben nicht klein, kommt. Dieses Grundstück ist eingezäunt bis zum Wasser. Die Gestalt hatte nun die Möglichkeit, entweder auf uns zu zu kommen, oder ins eiskalte Wasser zu steigen. Er entschied sich für das Wasser und das in einer kalten Jahreszeit. Ich schnitt ihm sozusagen den

Weg ab, indem ich mich nun von der anderen Seite des Grundstück, um das ich herum gegangen war, nährte und er „versank" bis zur Brust im Wasser, nur um mir nicht zu begegnen. Ich rief die Polizei an, aber letztendlich überquerte er den Bach zur anderen Seite hin und verschwand.

Zu diesem Zeitpunkt dachte ich noch nicht daran, dass die Gestalt möglicherweise da war, um mich zu beobachten oder sich mit der Örtlichkeit vertraut zu machen, um ein Versteck zu suchen, um mich beobachten zu können. Unser Grundstück ist von einer Hecke als Sichtschutz umgeben. Leider ist sie im unteren Bereich aufgrund von Bauarbeiten, nicht komplett dicht und wenn im Winter die Blätter fehlen, kann man auch vom Weg aus auf das Haus schauen. Im Sommer ist das schon schwieriger.

Dann ein paar Wochen vor dem Termin zur ersten Güteverhandlung vor Gericht mit der Versicherung, fand ich plötzlich auf unserem Grundstück, direkt am Grundstücksrand, in der Sichtschutzhecke, eine präparierte, mit Teppich ummantelte Plastikdose mit einer Videokamera drin, die auf unseren Hauseingang gerichtet war. Ich hatte an diesem Tag Besuch und wir waren alle so geschockt! Ich konnte gar nicht mehr klar denken und war völlig von der Rolle. Ich entfernte die Videokamera aus der Box und eine Nachschau auf der Speicherkarte ergab, dass sie am Tag zuvor und an diesem Tag zu verschiedenen Zeiten unseren Eingang gefilmt hatte. Auch eine unbekannte männliche Person war ganz kurz zu sehen. Die Person sagte auf dem Video: „Läuft's?"

Ich brachte das Teil samt Dose zur Polizei. Dort bekam ich den Tipp doch zu beobachten, wer dieses Teil wieder abholt. Ein Straftatbestand wäre das nicht, es wäre lediglich moralisch verwerflich. Da ich nun schon so lange nicht mehr im Dienst war und sich in der Gesetzgebung doch hin und wieder einiges ändert, war ich mir diesbezüglich unsicher. Ich empfand das als Unverschämtheit und als einen massiven Eingriff in unseren persönlichen Bereich.

Ich nahm das Teil wieder mit, behielt jedoch die Kamera draußen und positionierte die leere Box genau da, wo ich sie zuvor gefunden hatte, um genau das zu tun, was die Polizei mir geraten hatte: gucken, wer das Teil abholt. Mein mittlerweile geschiedener Mann, legte sich mit seiner guten Fotokamera im Feld vor unserem Grundstück auf die Lauer und erwischte nach einigen Stunden Wartezeit, tatsächlich am nächsten Morgen den Abholer. Nach einer kurzen Verfolgung zu Fuß, verlor er den Abholer jedoch in der Ortslage. Er hatte ihn aber auf Video und Bild.

Ich erstattete nun doch Strafanzeige wegen illegaler Bildaufnahmen, zunächst gegen Unbekannt.

Was so etwas mit einem gefühlsmäßig macht, ist sehr schwer zu beschreiben. Es macht zunächst erst einmal Angst. Es wühlt auf und man fragt ständig nach dem Warum. Man fühlt sich danach nur noch beobachtet und wird allen unbekannten Menschen gegenüber, die draußen am Grundstück vorbei laufen, misstrauisch. Mir ging es nicht alleine so. Mein Kind hatte Angst und zwar richtig. Es folgten einige schlaflose Nächte. An dem gleichen Tag, als mein Ex-Mann den Abholer filmte, ging ich nachmittags auf der anderen Seite des Baches über die Wiesen, um zu gucken, ob ich die Stelle finden würde, wo mein Ex Mann sich versteckt hatte. Es befindet sich dort keine Straße oder Weg. Es gehen auch auf dieser Seite nur Hundeleute zu Fuß lang. Auf dem Weg dorthin, fand ich einen nagelneuen Kugelschreiber aus unserem ortsansässigen Gasthaus mit Pension. Mir fiel es wie Schuppen von den Augen und ich fuhr sofort dorthin und zeigte dem Wirt die Bilder des Abholers von meinem Ex Mann. Auf meine Frage, ob er diese Person schon mal gesehen habe, sagte er ja, selbstverständlich, der Mann habe bei ihm übernachtet und eine weitere männliche Person war bei ihm. Lange Rede, kurzer Sinn: beide Täter, auch der, der selbst auf der Videokamera zu sehen war, konnten tatsächlich namentlich ermittelt werden.

Meistens hat man ja in solchen Fällen nicht das Glück die Täter zu ermitteln, wir hatten es. Es sollte uns leider rein gar nichts nützen. Beide Täter arbeiteten, wie die Ermittlungen zeigten, für eine Detektei. Welche große Überraschung!

Aber auch hier zeigte sich das große Ganze von einer komplett anderen Seite, die ich so nicht erwartet hätte!

Die Strafanzeige der illegalen Bildaufnahmen wurde von der Staatsanwaltschaft tatsächlich eingestellt, mit dem Hinweis, es würde kein Straftatbestand erfüllt sein. Es ist also strafrechtlich offensichtlich so in Ordnung, dass man ohne Wissen des Betroffenen eine Videokamera in eine Hecke auf dessen Grundstück stellt, und einfach mal Videoaufnahmen vom Hauseingang macht.

Als Unfallopfer habe ich also insgesamt gesehen nicht nur die körperlichen Probleme, die Verluste und Einschränkungen im Alltag und muss mir diese absolut erniedrigenden Gutachtertermine und deren Unwahrheiten gefallen lassen? Nein, ich muss mir also auch noch eine Videoüberwachung gefallen lassen, von der ich nichts weiß und die nicht nur mich betrifft und niemand wird dafür zur Rechenschaft gezogen. Natürlich hätte ich auf dem Privatklageweg und auch zivilrechtlich wegen der Persönlichkeitsrechtsverletzung weitermachen können, aber dafür braucht man dann auch wieder Geld. Und selbst wenn ich das Geld investiert und meine Entschädigungsansprüche bezüglich der Persönlichkeitsrechtsverletzung hätte durchsetzen können, hätte ich das Geld im Falle einer Zahlungsunfähigkeit der Detektive nicht bekommen. Eine Verbindung der Detektei zur Versicherung wurde in der Ermittlung nie hergestellt. Wir wissen also nicht zu hundert Prozent, wer der Auftraggeber war. Alles in allem also ein Verlustgeschäft, für welches ich nicht bereit war, mein Geld zu opfern.

Mir ist völlig klar, dass die Versicherung gucken wollte, ob ich was, wann und wie viel ich möglicherweise arbeite und sie wollten mir mit diesen illegalen Mitteln einen Strick daraus drehen. Ich weiß nicht, welche Aussagekraft diese Observation bezüglich meiner Konzentrationsfähigkeit, Müdigkeit, Schwindel und all der anderen Symptome hat. Das ich dabei nicht allein betroffen war, sondern eines meiner Kinder auch und dass so eine Kamera massiv Angst auslöst, ist dabei offensichtlich völlig unerheblich. Unser Kopfkino nach dem Fund der Kamera ging von Einbrechern, über Stalker und Perverse, bis hin zu Entführern und Schlimmeres. Aber Kopfkino zählt eben nicht.

Zunächst kam es kurze Zeit später wie erwartet, nicht zu einer Einigung in der Güteverhandlung. Nach der Güteverhandlung habe ich dann einem Vergleich mit der Versicherung zugestimmt, weil ich des Kämpfens und der Erniedrigungen einfach zu müde war und natürlich auch irgendwo Angst hatte, dass damit nicht die Observationen gegen mich aufhören würden, wenn wir den Klageweg beschreiten würden.

Die Güteverhandlung

Unsere Argumente für den Klageweg waren mehr als gut. Die Güteverhandlung war jedoch ebenso erniedrigend wie die Gutachtertermine.

Die Gegenseite behauptete zunächst, ich würde mir meine Symptome alle nur einbilden. Schließlich gäbe es auch Menschen, die sich eine Querschnittslähmung einbilden könnten, das würde dann psychogene Querschnittslähmung heißen. Also wäre ich auch dazu in der Lage, mir alles nur einzubilden. Mein Rechtsanwalt wurde angegangen, wie schlecht er mich doch beraten würde, wenn er so etwas durchgehen ließe. Wenn wir solche Bücher lesen würden, wie das von Graf, Grill und Wedig, dann wäre ja eh klar, in welche Richtung wir argumentieren würden und in diesem Buch könnte ich mir ja meine Symptome auch anlesen. Außerdem war es schließlich nur ein leichter Aufprall und ich würde einfach insgesamt nur schlecht mit dem Unfallgeschehen umgehen.

Ich wurde von der vorsitzenden Richterin dann irgendwann zum Unfallhergang befragt. Ich erzählte ihr, dass mein Kollege, der unseren Zivilwagen fuhr, abbiegen wollte. Wir mussten ein entgegenkommendes Fahrzeug passieren lassen und in dem Moment unseres Anfahrens gab es von hinten einen Knall. Ich sagte ebenso aus, dass die Geschwindigkeit dort auf 70 km/h beschränkt ist und ich kein Quietschen zuvor gehört hatte, also davon ausgehe, dass die Unfallverursacherin mit ungebremsten 70 km/h aufgefahren ist. Der Schaden unseres Fahrzeuges war ein Totalschaden, das Fahrzeug wurde nicht wieder repariert.

Dann wurde die ebenso zur Güteverhandlung erschienene Unfallverursacherin zum Unfall befragt. Sie gab an, uns gesehen zu haben, aber sie sei erst in dem Moment aufgefahren, als sie dachte es ginge weiter. Sie hätte maximal 30 km/h auf dem Tacho gehabt.

Diese Aussage verstand ich damals schon nicht, denn ich kann mich nicht erinnern, dass wir uns in einer Fahrzeugschlange befanden und vor uns noch andere Fahrzeuge dort abbiegen wollten. Wir hielten an, in der nächsten Sekunde fuhr der Entgegenkommende durch und just in dem Moment als wir anfahren wollten, knallte es. Kein Bremsenquietschen, nichts, völlig unvorbereitet fuhr die Verursacherin auf.

Alleine die Bildaufnahmen der beschädigten Fahrzeuge zeigen selbst für einen Laien sehr deutlich, dass es sich nicht um einen leichten Aufprall gehandelt hat.

Nun ist es ja eigentlich so, dass die Verursacherin uns mit der Aussage sie sei ca. 30 km/h gefahren, eigentlich einen Gefallen getan hat, auch wenn die Geschwindigkeit deutlich bagatellisiert worden war.

Die zum Glück vom BGH abgeschaffte „Harmlosigkeitsgrenze" betrug früher ca. 15km/h. Die Versicherungen, Anwälte, Gerichte und einige Mediziner argumentierten früher immer damit, dass es bei einer Geschwindigkeit unter 15 km/h angeblich nicht zu einer Verletzung der HWS kommen kann. Zum Glück wird das ganze heute anders gesehen. Man war sich jedoch sowohl in der Medizin, als auch in der Rechtsprechung in der Vergangenheit immer schon einig, dass es bei einer Geschwindigkeit über 15 km/h zu Verletzungen der HWS kommen kann.

Also selbst wenn die Verursacherin die Geschwindigkeit bagatellisierte auf 30 km/h und sie tatsächlich vielleicht 50 km/h gefahren ist, was auch schon viel weniger ist als 70 km/h, dann liegt das somit deutlich in einem Bereich, in dem Verletzungen auftreten können.

Weiterhin steht für mich persönlich fest, dass es sich bei der Primärverletzung um die Beschleunigungsverletzung handelt, für die wir nach § 286 Zivilprozessordnung (ZPO) voll beweispflichtig sind. Aber wer weiß, vielleicht irre ich mich hier ja auch wieder, wo ich doch auch dachte, es wäre verboten, Personen heimlich zu filmen. Ich bin ja kein Jurist.

Die BV wurde bereits im allerersten Attest des Krankenhauses am Unfalltag vermerkt. Selbst in dem „Schlechtachten" meines Dienstherren wurde sie anerkannt, im meinem eigenen Gutachten wurde sie anerkannt und das allerwichtigste in der Anerkennung zum Dienstunfall, einem rechtsgültigen Bescheid, wurde sie zwar im Nachhinein erst anerkannt, aber sie wurde anerkannt. Wenn die Gegenseite nun behaupten wollte, es hätte keine Beschleunigungsverletzung stattgefunden, weil es nur ein leichter Aufprall gewesen ist, dann müsste sie sich mit der Rechtsgültigkeit meiner Anerkennung befassen und zunächst behaupten, die Anerkennung und die Rechtsgültigkeit der Anerkennung wäre nichtig. Das ist ein schwieriger Prozess.

Für mich ist unter Berücksichtigung aller dieser Dinge der Vollbeweis der Primärverletzung deutlichst erbracht.

Ob es sich bei der BV um Grad 2, 3 oder 4 der QTF Tabelle oder sonst was handelt, ist dabei in meinen Augen völlig unerheblich, denn alle Grade können erstens auch chronisch werden und alle Grade können die gleichen Symptome hervorrufen.

Die aus der BV resultierenden verbundenen Verletzungen, Einschränkungen und Beschwerden, wie zum Beispiel die Instabilität der HWS, unterliegt meiner Meinung nach nun nicht mehr dem Vollbeweis, sondern der haftungsausfüllenden Kausalität nach §287 ZPO. Die Bemessung der Höhe des Schadens unterliegt dann dem Ermessen des Gerichts. Man unterliegt danach nicht mehr dem Vollbeweis, sondern es genügt hierfür also die reine „Glaubhaftmachung" der Beschwerden.

Aber wie schon mehrfach gesagt, es ist bloß meine eigene persönliche Meinung und keine juristische Auslegung, auf die man sich festnageln lassen könnte.

Da mir ja mein nicht mittelständiger Dens als „Vorschaden" attestiert wurde, möchte ich mal auf ein Urteil des Bundesgerichtshofes hinweisen (14.10.08 - VI ZR 7/08 VersR 2009, 69). Natürlich muss immer der Einzelfall gewürdigt werden, aber dieses Urteil zeigt, wie die Dinge dort gesehen werden.

In diesem Urteil wird deutlich benannt, dass es trotz Vorschäden ausreicht, wenn die Schadensfolge zumindest mitursächlich auf den vorfallsbedingten Verletzungen beruht. Wenn diese teilweise auch auf Vorschäden beruhen, so sei dieses unbeachtlich, weil für die Ersatzfähigkeit der geltend gemachten Aufwendungen regelmäßig eine Mitursächlichkeit genüge, da bei der Haftungszurechnung die Mitursächlichkeit der Alleinursächlichkeit gleichstehe.

Das bedeutet für mich, wenn die Gegenseite nun behauptet, mein Dens wäre schon vorher nicht mittelständig gewesen, so ist das zwar richtig, aber völlig belanglos, weil ich niemals zuvor davon gesundheitliche Beeinträchtigungen hatte und ein völlig normales Leben geführt habe. Das gleiche würde auch für mein ausgeheiltes Burn-out/ PTBS gelten, denn wir haben ja selbst vom neurologischen Gutachter gehört, dass auch psychische Probleme entschädigungswürdig sind.

Nun, also alles in allem lagen meine Karten schon sehr gut für den Klageweg. Aber ein Gutachter und eine Erniedrigung hätten die nächsten gejagt und der Kampf hätte sich noch um Jahre hingezogen. Natürlich kann man sagen, ich bin schön blöd. Aber ich wollte und konnte nicht noch mehr nervenzehrende Jahre ertragen.

Meine größte Hoffnung, dass das bereits bei der Güteverhandlung so auf den Tisch kommt, erfüllte sich leider nicht. Stattdessen wurde von der vorsitzenden Richterin ein Gutachten zur Differenzgeschwindigkeit vorgeschlagen, was in meinen Augen, gerade auch nach der Aussage der Verursacherin, sie sei ca. 30 km/h gefahren, nicht nötig gewesen wäre und lediglich Kosten verursacht hätte.

Ein paar Tage nach der Güteverhandlung schlossen mein Anwalt und ich einen Vergleich mit der Versicherung. Mein Kampf hatte damit zwar ein Ende, aber ich kann es regelrecht bildlich vor mir sehen, dass die Versicherung sich insgeheim die Hände gerieben und sich gefreut hat, über das Geld, was sie dadurch eingespart hat, anstelle was sie hätten zahlen müssen, wenn wir den Klageweg beschritten hätten.

Für einen weiteren oder neuen Kampf um die Erhöhung der MdE, bin ich zur Zeit noch nicht bereit und ich weiß auch nicht, ob ich es je sein werde mit dem Wissen im Gepäck, dass ich dann zu einem weiteren Gutachter müsste. Vielleicht eines Tages.

Im Moment versuche ich aus jedem Tag für mich das Beste zu machen.

Ein paar Worte zum Abschluss

<u>An alle anderen Unfallopfer</u>

Ich weiß, wie schwierig dieser Kampf in allen Ebenen ist und kenne auch solche Ratschläge wie: „lass dich doch nicht unterkriegen oder die Versicherungen gewinnen damit". Natürlich ist das so. Die Versicherungen wollen mürbe machen und Geld sparen. Natürlich ist so ein Kampf von äußeren Umständen wie den finanziellen Möglichkeiten abhängig, aber ich verstehe euch auch, wenn ihr innerlich keine Kraft mehr zum Kämpfen gegen solche mächtigen Gegner wie u.a. Versicherungen habt und eine andere Entscheidung trefft. Ich hoffe euch mit diesem Buch ein wenig Mut gemacht und euch ein paar Tipps an die Hand gegeben zu haben. Ihr seid nicht alleine, nehmt die Hilfe und Beratung von Unfallverbänden und Profis möglichst früh an, damit euer „Fall" gleich zu Beginn richtig verläuft.

Sammelt alles, was ihr bekommt, in einer Akte, von Bildern des Unfalls, über Befunde und Berichte von Ärzten, Röntgenbildern, Berichte über ähnliche Fälle und diese Dinge. Es gibt niemanden, der für euch alles sammelt. Und ich möchte euch noch einen

Tipp ans Herz legen: schreibt zu allem, was mit dem Unfall zu tun hat und über jeden Termin, den ihr wahrnehmt, ein Gedächtnisprotokoll. Am besten sofort nach dem Termin, egal wie verwirrt ihr möglicherweise seid, aber da ist alles noch ganz frisch. Sollte bei einem Gutachter oder auch bei anderen Terminen eine Untersuchung auf Band aufgenommen werden, dann lasst auch ein Band oder die Sprachaufzeichnung eures Handys mitlaufen und lasst dies zu Beginn auch gleich darauf dokumentieren, dass alle Parteien damit einverstanden sind, ansonsten ist das nicht erlaubt. Geht zu keinem Gutachter alleine, nehmt immer eine Person eures Vertrauens mit. Am besten keine Familienmitglieder, denn da wird gerne behauptet, sie wären voreingenommen.

An alle medizinischen Gutachter oder die, die es werden wollen

Hinter jedem Unfallopfer steht ein Einzelschicksal.

Sie haben den Menschen nur einige Stunden vor sich und sollen sich in dieser kurzen Zeit ein Urteil über ihn bilden. Ist ein wirklich faires Urteil über ein ganzes Leben in zwei oder drei Stunden überhaupt möglich? Jeder, der ein „Urteil" über sich fällen lassen muss, ist aufgeregt, nervös oder ängstlich. Vielleicht ist man deswegen auch blockiert und vergisst viele Details anzugeben. So wie früher in der Schule, wenn man vor einer Klassenarbeit saß und plötzlich einen „Black-out" hatte. Wenn man als Arzt dann diese Details nicht richtig abfragt, kann es schwierig werden. Außerdem geht der Patient zu seinem eigenen Arzt, wenn seine Beschwerden besonders schlimm sind. Sie hingegen sehen diesen Patienten zu einem festgelegten Datum und einer bestimmt Uhrzeit und nicht, wenn es ihm schlecht geht.

Außerdem geht es nicht um ihren eigenen Geldbeutel, aus dem sie dem Opfer eine Entschädigung zahlen sollen. Was ist dann an „richtigem Zuhören, richtigem Lesen von Vorbefunden, Ehrlichkeit, Mitgefühl und Menschlichkeit" falsch?

Die allerwenigsten Unfallopfer sind Simulanten. Sie kämpfen teilweise um ihre Existenz. Ihre Aussagen, die sie in Gutachten verfassen und die dazu führen, dass Versicherungen Gelder einbehalten, können dazu beitragen, dass möglicherweise ganze Familien kaputt gehen. Diese Konsequenz ihrer Aussagen sollten sie sich bei jeder Begutachtungen mal vor Augen führen.

Eine Studie einer großen Universität in Deutschland hat das schockierende Ergebnis hervorgebracht, dass über 40 % aller anonym befragten Gutachter bereits Gutachten so verfasst haben, dass sie dem Ergebnis welches ihnen mit der Anforderung mitgeteilt wurde, entsprachen. Und wenn man dann noch mit dem Unfallopfer so spricht, als wäre man ein Verbrecher und im Termin Angst und Schrecken verbreitet, dann frage ich mich tatsächlich, wie sie morgens noch in den Spiegel schauen können.

An alle Versicherungskonzerne

Ich weiß ja, sie alle stehen sehr kurz vor dem finanziellen Ruin. Deswegen muss an jeder Ecke gespart werden. Für einen Konzern, der nichts zu Essen und zu Trinken braucht, keine Schmerzen oder gesundheitlichen Einschränkungen hat und keine Sozialkontakte pflegt, ist das natürlich sehr schlimm.

Und natürlich muss man unberechtigte Forderungen ablehnen, sonst würden ja die Versicherungsbeiträge aller Mitglieder extrem in die Höhe schnellen.

Trotz ihrer schlechten finanziellen Lage (eine Recherche ergab, dass sie leider nur einen jährlichen Gewinn von ein paar Milliarden Euro haben) bitte ich sie, doch ihre Praktiken einmal zu überdenken und zu überlegen, wen eine schlechte finanzielle Lage mehr trifft, einen Konzern oder einen Einzelnen.

Ich bitte jeden, der für eine Versicherung arbeitet, bitte lassen sie sich nicht beeinflussen, sie sind doch auch nur Menschen und irgendwo in ihnen muss doch auch ein Gewissen sein.

<u>An alle anderen „drum herum" um die Unfallopfer</u>

Man verändert sich bestimmt durch den Unfall, ohne dass es einem selbst bewusst ist. Ich, für mich, bin nicht mehr so belastbar wie vorher und vieles fällt mir extrem schwer. Als Unfallopfer braucht man jegliche Unterstützung von außen. Mir persönlich fällt es sehr schwer, um Hilfe zu bitten. Es ist mir schon peinlich, immer und immer wieder nach einer bestimmten Sache zu fragen oder zu sagen, es geht nicht oder es geht nur weniger. Mir macht das sehr viel aus, ich bin da ganz empfindlich geworden mit der Zeit. Mich persönlich trifft es immer ziemlich hart, wenn ich gesagt bekomme: „zeig doch mal mehr Elan oder Motivation, lass dich doch nicht so hängen, alles wird gut", oder ähnliche Floskeln. Ich zwinge mich jeden Tag extrem dazu, ein einigermaßen „normales Leben" zu führen. Da fehlt vielleicht die Kraft zum Lächeln auch mal, wenn man alle seine Energie schon verschwendet hat.

Ich kann mir vorstellen, dass es für Außenstehende nicht leicht zu verstehen ist, warum man früh von einer Party weggeht, keine großen Ausflüge mitmacht und nicht bis nachts „in die Puppen" unterwegs sein kann.

Anfangs habe ich noch regelmäßig versucht, alle Umstände zu erklären und mich rechtzufertigen, aber meistens ist es bei mir so, dass mir genau zu dem Zeitpunkt nie die passenden Worte einfallen, um das ganze gezielt auf den Punkt zu bringen. So als wäre mein Hirn zu spät getaktet. Mir fällt es sowieso schwer, ständig mein „Inneres" nach „ außen" zu kehren, gerade weil einem die richtigen Worte dazu fehlen. Ich sag dann immer aus Spaß: „Das ist vom Gefühl her so, wie sich vor Fremden nackt auszuziehen". Ich könnte mir vorstellen, dass es anderen Unfallopfern ähnlich ergeht. Aber macht euch nichts draus. Mit diesem Buch konnte ich gefühlsmäßig noch eins drauf legen: „Das ist nicht nur so, wie sich vor Fremden nackt auszuziehen, sondern sich auch noch im Playboy ablichten zu lassen!"

Ich hoffe sehr, dass dieses Buch dazu beitragen kann, dass man Unfallopfer besser verstehen kann.

Meine Ideen

Ich weiß natürlich, dass ich an dieser Stelle nicht in der Lage bin, alle Konsequenzen und Seiten zu überblicken, aber ich werfe jetzt meine Ideen einfach einmal in den Raum, so ähnlich wie bei einer Arbeitssitzung, zu neudeutsch Brainstorming.

Zunächst sollten Versicherungen und Co. ihre Praktiken überdenken und Auszahlungen erleichtern, dann wäre das vielleicht alles gar nicht nötig.

Wenn ich mir wünsche, es den Opfern einfacher machen zu können, würde ich mir zunächst einmal ein anonymisiertes Gutachterverfahren wünschen. Der Gutachter erfährt nicht, wer ihn beauftragt und um was es geht. Also ob der Betroffene Rente beantragt hat oder ob es sich um Schmerzensgeldforderungen oder ähnliches handelt. Weiterhin könnte man die Anzahl der zu fertigenden Gutachten für einen Arzt über das Jahr begrenzen; sprich es dürfte keinen Arzt mehr geben, der ausschließlich Gutachten erstellt und die Gutachten dürften nur noch mit einem Pauschalbetrag bezahlt werden. Mir fällt dazu der Spruch ein: „wes Brot ich ess, des Lied ich sing".

Außerdem müsste es in dem anonymisierten Verfahren eine Art Rotation geben, sodass bestimmte Ärzte nicht bevorzugt ausgewählt werden können. Aber das würde sich eventuell auch schon mit der Anzahlbegrenzung ergeben, dass diese Bevorzugung aufhört. Ärzte sollten Gutachten nur noch gemäß ihrer Fachrichtung erstellen.

Bei Gericht wäre es toll, wenn tatsächlich alle die gleichen Chancen hätten, ihre Ansprüche durchzusetzen und es nicht nur denjenigen möglich ist, die das passende Kleingeld dafür haben.

Ich weiß, dass ich Deutschland nicht mit Amerika vergleichen darf, weil die Rechtssysteme komplett unterschiedlich sind, aber ein paar Dinge haben mir bei einem Blick über den Tellerrand ganz gut gefallen.

Es wird in Amerika eine Pauschalgebühr bei Gericht erhoben. Diese beträgt je nach Staat irgendetwas um 400-700Dollar, mal mehr, mal weniger. Diese Pauschalgebühr ist also unabhängig vom Streitwert. Warum muss bei uns die Höhe der Gebühr vom Streitwert abhängig gemacht werden? Ist eine Klage, die vielleicht 1000 Euro umfängt, moralisch weniger wert, als eine, die 100000 Euro umfängt? Sie macht doch auch Arbeit.

Ein weiterer Punkt sind die Anwälte. In Amerika gibt es natürlich auch Anwälte, die nach Stunden bezahlt werden. Gerade in Unfallangelegenheiten werden die Anwälte dort jedoch auch häufig mit einer Art Gewinnbeteiligung bezahlt. Sagen wir einfach, die Anwälte bekommen 30 % von dem Geld, was erstritten wird. Sollte der Fall komplett den Bach herunter gehen, zahlt das Opfer auch nichts für den Anwalt. Je mehr der Anwalt aber an Gewinn für sein Opfer erstreitet, desto höher ist auch sein Gehalt. Und damit entsteht natürlich auch ein ganz anderer Anreiz für seinen Mandanten alles heraus zu holen. In den USA führt das natürlich dazu, dass Millionenklagen angestrebt werden. An sich finde ich die Grundidee dahinter aber gar nicht schlecht, denn somit könnten sich alle Unfallopfer den Kampf um Gerechtigkeit leisten.

Soviel zu meinen Ideen, um es Unfallopfern leichter zu machen. Damit hat mein Brainstorming ein Ende, aber diese Ideen mal zu überdenken, wäre es sicherlich wert.

Resümee

Ich habe über die Zeit irgendwie den Glauben an eine „Humanmedizin" fast verloren. Nur ein paar wundervolle Ärzte, die ich in dieser Zeit kennenlernen durfte, bewahren in mir den Glauben, dass es auch Ärzte gibt, die ihren Patienten zuhören und sie ernst nehmen und eben echte menschliche Medizin und keine Auftragsmedizin betreiben. Und wenn selbst Ärzte von den Versicherungen hohe Geldsummen geboten bekommen, wenn sie zugunsten der Versicherung ihr Gutachten verfassen, dann weiß man deren Arbeit noch mehr zu schätzen. Diesen Ärzten möchte ich von Herzen danken.

Ich habe auch irgendwie den Glauben an unser Rechtssystem verloren.

Für solche Kämpfe braucht man viel Geld, was die meisten Unfallopfer nicht haben und selbst wenn man das Geld investiert, kämpft man oft auf verlorenem Posten. Wer meint, ich wäre bestimmt ein Einzelfall, der möge sich bitte die Bücher „Allein gegen Goliath" von der Juristin Caroline Bono-Hörler, erschienen im Wörterseh Verlag und von Franz Fluch „Schwarzbuch Versicherung „Wenn Unrecht zu Recht wird" kaufen. Es ist erschienen im Mandelbaum Verlag. Diese Geschichten sind aus der Schweiz und aus Österreich, aber Deutschland steht dem tatsächlich in nichts nach, wie unter anderem der Bericht aus der Wochenzeitung „Die Zeit", Ausgabe zwei, „Im Stich gelassen" von Januar 2013 und diverse Fernsehberichte zeigen. Dort werden sehr eindrücklich verschiedene Schicksale beschrieben und wie die Versicherungen mit ihnen umgegangen sind und es immer noch tun.

Es wird dort aber auch von Menschen berichtet, die in diesen Branchen arbeiteten und es einfach nicht mehr mit ihrem Gewissen vereinbaren konnten, wie der Autor des Artikels aus der Zeit selbst oder eine Juristin, die nun in ihrer Kanzlei Versicherungsopfer vertritt.

Auch die Unfallverbände, die ihr Bestes geben, werden tagtäglich mit dieser miesen Zahlungsmoral und den miesen Tricks konfrontiert. Aber auch sie können nur mit Geld weiterkämpfen. Die breite Öffentlichkeit ahnt ja nicht, wie es läuft und wiegt sich mit ihren abgeschlossenen Versicherungen in Sicherheit.

Und keiner steht auf und kämpft für die Unfallopfer.

Außerdem kann ich mir nicht vorstellen, dass diese Videokamerageschichte zu so einer Bagatelle runter gestuft worden wäre, wenn ein Richter, Staatsanwalt oder Politiker sie bei sich im Garten gefunden hätte! Dann wäre möglicherweise die gesamte Nation in Gefahr gewesen.

Ist man als Unfallopfer wirklich so wenig wert?

Unfälle können passieren und sie passieren nicht mit Absicht, aber muss den Verletzten dann auch noch das Leben so schwer gemacht werden? Gibt es in unserer puren Leistungsgesellschaft, in der es doch nur noch um Geld geht, keine Menschlichkeit mehr? Wie können Mitarbeiter von Versicherungen, die eine berechtigte Leistung immer wieder ablehnen, morgens noch Aufstehen und in den Spiegel gucken? Das alles ist und bleibt mir ein großes Rätsel.

Ich möchte mit diesem Buch für die anderen Unfallopfer aufstehen und ihnen sagen, dass sie nicht alleine sind. Das „wir lassen uns das nicht gefallen", von dem sehr bekannten HNO-Arzt, hat mich so beeindruckt, dass ich allen sagen möchte: „Steht auf und geht mit euren Geschichten an die Öffentlichkeit".

Je mehr das tun und je mehr Menschen diese ganzen Ungerechtigkeiten anprangern, umso eher besteht die Möglichkeit, dass sich zugunsten der Unfallopfer etwas ändert!

Allen anderen möchte ich für ihre Unterstützung einmal Danke sagen.

DANKE

Danksagung

Vielen Dank an meine Familie für die moralische Unterstützung zu diesem Buch.

Ein großes Dankeschön an Herrn Dr. Bernsmeier und Herrn Mario Ziegler für die Hilfe und Korrektur meines Buches.

Danken möchte ich auch all denen, die ebenfalls bereit waren mein Manuskript quer zu lesen und mir damit oder in anderer Weise weitergeholfen haben.

Dankeschön

Der härteste Aufstieg hat die schönste Aussicht

Literaturverzeichnis

Beschleunigungsverletzung der HWS, 2009, Herausgeber Dr. med. Michael Graf, Christian Grill, Hans- Dieter Wedig, ISBN 978-3-7985-1837-7, Steinkopff Verlag

- Autor Dr. med. Jaroslav Naxera

Besonderheiten der Untersuchungstechnik Seite 150 und 151
- Autor Bengt. H. Johansson (†)

Diagnostik von Schleudertrauma-Folgen mit Hilfe der funktionalen Kernspintomographie Seite 156
- Autor Dr. med. Peter Böhm

Kraniozervikales Beschleunigungstrauma (Whiplash-Associated Disorder =WAD) Seite 99
- Autor Dr. jur. Rüdiger Verhasselt Handwerkliche Fehler in Gutachten

Seite 411
- Autor Harold Merskey Die Leugnung von Schleudertrauma-Folgen:

Cui bono? Seite 434

Alleine gegen Goliath, Caroline Bono-Hörler, Wörterseh Verlag, 2010, ISBN 978-3-03763-013-6

Schwarzbuch Versicherung, Franz Fluch, Mandelbaum Verlag, 2015, ISBN 978-3-85476-644-5

Die Zeit online, Januar 2013, Ausgabe 2, Im Stich gelassen, Autor Roland Kirbach landingpages.wolterskluver.de, GdB/MdE Tabelle, Kommentar und Rechtssammlung, Prof. Dr. jur. Bernhard Knittel, Verlag R.S. Schulz GmbH, 2008,

ISBN 978-3-79620615-3, Stand 2006, Seiten 6, 7, 8, 15, 26, 27, 82, 83, 84

Mit freundlicher Genehmigung der jeweiligen Verlage oder Autoren gedruckt

wikipedia.org/wiki/schleudertrauma (22.06.16)

wikipedia.org/wiki/Rückenmarksverletzung (22.06.16)

Urteil des Bundesgerichtshofes (14.10.08 - VI ZR 7/08 VersR 2009, 69)

§ 286, 287 Zivilprozessordnung